超🈳

3分英会話
フレーズ1500

English Conversation Phrases 1500

3分英会話制作陣

【企画】片山実

【著】相澤真耶

【イラスト】西岡ハルカ

KADOKAWA

はじめに

最高のリアルさにこだわったフレーズ集

背景まで臨場感のあるイラスト

今まで何人もの方々に「英語を話せるようになりたい」と、相談されてきました。海外へ飛び出して英語漬けの毎日を送るのが一番手っ取り早いと個人的には思います。ただ、それが今すぐ可能な方は少ないですよね。

英語で実際に会話をするのと、教科書とにらめっこするのでは英語の定着率に大きな差があります。そもそも何が違うのでしょうか。

理由はたくさんありますが、**一番大きいのは「リアルさ」**です。臨場感のある外国人との会話と、教科書の文を丸暗記するのでは、結果が全く違ってきます。本書では、外国人と実際に会話をしなくてもできる限り臨場感を持って学んでいただけるように主要例文の全てにイラストをつけました。どれもただのイラストではなく、会話のシーンを具体的に思い浮かべられるように背景の細部にまで徹底的にこだわった「超図解」のイラストです。このイラストと一緒に英語を覚えることで、ただ文字だけを眺めて学習するよりもはるかに楽しく、効率的に、短時間でフレーズを覚えることができます。

会話のシーンを臨場感を持って思い浮かべられる

教科書には載っていないリアルな英語

教科書は紹介する英文法、英単語がまず決まっておりそこから例文を作るので、残念ながら「英会話のために自然な表現を学ぶ」という観点では今ひとつです。

一方、本書は楽しみながら英会話の実践的な力をつけていただくことを目的に執筆しています。日常英会話では、簡単な言葉をいかに自然に組み合わせられるかが重要になってきます。難しい言葉を使うよりも、簡単な表現を適切な場面で使う方が相手に伝わるものです。

例えば **How are you?** の返事としては、次のような表現が一般的とされています。

I'm fine, thank you. And you?
（元気です。あなたは？）

もちろんこの表現でも問題ないのですが、私が海外で実際に一番多く聞いた表現は違いました。

Good. How are you?
（うん、君も元気？）

このように実際に会話で使われる表現は教科書のものとは微妙に違うことが多いのです。

本書ではこの微妙な違いにとことんこだわり、リアルな表現のみを紹介しているので、確実に相手に伝わる表現を身につけることができます。

あらゆる場面で最もよく使われるフレーズを掲載

本書では、あいさつや自己紹介といった基本の会話から、家事、育児、お金にまつわるもの、海外旅行からビジネスで使うフレーズまで、ありとあらゆる会話のシーンを取り上げ、それぞれの場面で最もよく会話に出てくる話題を厳選しています。

自分だったらどう言うか、ネイティブの友人はどんな表現を使っていたか、一つ一つ想像したり思い出したりしながら本書を綴りました。日本語の直訳のような表現ではなく、実際にネイティブが使う言い回しにこだわりました。

このようにイラストもフレーズも「リアルさ」にとことんこだわっているので、読み進めるごとに英語を学ぶ楽しみと意味を見出せるはずです。

「もっと楽しく英語を学びたい」
「文字だけの参考書ではやる気が起きない」
「スキマ時間で効率的に英会話を上達させたい」

そう思っているあなたはぜひ本書をめくってみてください。英会話ですぐに使えるリアルなフレーズをカラフルなイラストと一緒に学べます。

この本によってあなたが少しでも英語を学ぶことを楽しんでいただけるよう願っています。

3分英会話制作陣一同

① 質問文とイラストを見て、フレーズを使う場面をイメージする

基本会話や海外旅行など 全7Chapter で分類し、カテゴリごとに様々なフレーズを紹介しています。

どのようなシチュエーションでの会話なのかを表しています。

Chapter が変わるとメインテーマカラーが変わります。

基本会話 あいさつ

普段のあいさつ

"Hi! How are you?"
と言われたらなんて返す？

Chapter 01

初対面のあいさつ

"Nice to meet you."
と言われたらなんて返す？

21

POINT!

どのような場面での会話なのかを想像しましょう。
ページをめくると会話の一例が見られるので、ページをめくる前に自分なりの答えを用意してみてください。

② ページをめくり英文を確認する

01-01, 01-02

基本会話 あいさつ

Hi! How are you?
(やあ、元気?)

Good. How are you?
(うん、君も元気?)

黄色マーカー部分が
1ページ目の回答と
なります。

回答はあくまでも一
例です。

Nice to meet you.
(はじめまして)

You, too. I often see you around, but
I think this is our first time talking
together.
(はじめまして。よくお見かけしていますが、お
話するのは初めてですね)

22

POINT!

自分が想像していた答えと合っていたかを確認してみてください。
あくまでも一例なので、解説ページを確認し、なぜこのような表現なのか、理由・
表現方法を学習しましょう。

③ 解説を確認する

紹介フレーズをネイ
ティブが読み上げた
音声を確認可能です。
トラック番号を参考
に確認してください。

音声の利用法・注意
事項については p.9
をご確認ください。

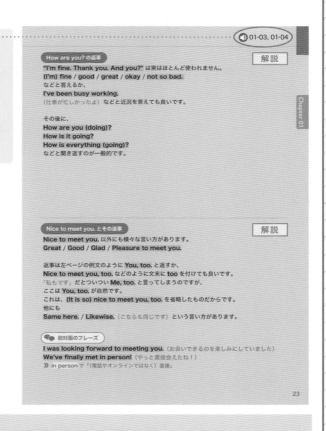

🔊 01-03, 01-04

How are you? の返事　　　　　　　　　　　　　解説

"I'm fine. Thank you. And you?" は実はほとんど使われません。
(I'm) fine / good / great / okay / not so bad.
などと答えるか、
I've been busy working.
(仕事が忙しかったよ) など近況を答えても良いです。

その後に、
How are you (doing)?
How is it going?
How is everything (going)?
などと聞き返すのが一般的です。

Nice to meet you. とその返事　　　　　　　　　解説

Nice to meet you. 以外にも様々な言い方があります。
Great / Good / Glad / Pleasure to meet you.

返事は左ページの例文のように You, too. と返すか、
Nice to meet you, too. などのように文末に too を付けても良いです。
「私もです」だとついつい Me, too. と言ってしまうのですが、
ここは You, too. が自然です。
これは、(It is so) nice to meet you, too. を省略したものだからです。
他にも
Same here. / Likewise. (こちらも同じです) という言い方があります。

初対面のフレーズ

I was looking forward to meeting you. (お会いできるのを楽しみにしていました)
We've finally met in person! (やっと直接会えたね！)
≫ in person で「(電話やオンラインではなく) 直接」

23

POINT!

例文に登場した表現の解説や、類似表現を確認します。
同じようなシチュエーションで使える表現も一緒に学習しましょう。

④ 関連フレーズを学ぶ

関連フレーズは①～③と異なるシチュエーションで使えるフレーズを紹介しています。

POINT!

関連した表現も掲載しています。
英語初心者で一つ一つの表現を覚えていくのが大変だと感じる方は、まずは①～③の範囲でフレーズを覚えていくことを優先させてください。

音声について

本書に収録されている英語をネイティブが読み上げた音声を聞くことができます。記載されている注意事項をよくお読みになり、下記のサイトから無料のダウンロードページへお進みください。

https://www.kadokawa.co.jp/product/322007000733

上記の URL へパソコンからアクセスいただくと、mp3 形式の音声データをダウンロードできます。「超図解　3 分英会話フレーズ 1500」のダウンロードボタンをクリックしてダウンロードし、ご利用ください。

スマートフォンに対応した再生方法もご用意しています。詳細は上記 URL へアクセスの上、ご確認ください（ご使用の機種によっては、ご利用いただけない可能性もございます。あらかじめご了承ください）。

【注意事項】
・音声のダウンロードはパソコンからのみとなります（再生はスマートフォンでも可能です）。携帯電話・スマートフォンからはダウンロードできません。
・音声は mp3 形式で保存されています。お聞きいただくには mp3 ファイルを再生できる環境が必要です。
・ダウンロードページへのアクセスがうまくいかない場合は、お使いのブラウザが最新であるかどうかご確認ください。
・フォルダは圧縮されていますので、解凍したうえでご利用ください。
・なお、本サービスは予告なく終了する場合がございます。あらかじめご了承ください。

3分英会話とは？

忙しくてなかなか英会話の勉強ができない私の妻のために作ったインスタグラムのアカウントが「3分英会話」です。

私の妻は仕事で英語を使うことがあるのですが、「外国人との会話になるとスムーズに言葉が出てこず詰まってしまう」ということにコンプレックスを抱えていました。そんな状況を何とかしたいと思いつつも、仕事も忙しくてなかなか勉強する時間が取れず……。

そんな妻が「スキマ時間（3分）を活用して楽しく英会話を学べる」ように作ったのが3分英会話です。

3分英会話は、「毎朝8時」に「実践的な英会話」の例文を「親しみやすいイラスト付き」で公開しています。

3分英会話

HP
https://3min-eikaiwa.com/

インスタ
https://www.instagram.com/3min_eikaiwa/

・毎朝8時に投稿：「通勤などのスキマ時間で学習できるように」
・実践的な英会話の例：「会話がスムーズに出てくるように」
・親しみやすいイラスト付き：「勉強が苦痛にならないように＆会話例文とシーンが結びつくように」

私の妻のために始めたアカウントですが、このコンセプトは多くの方にご支持いただき、現在はフォロワー数10万人（2021年3月時点）を超えるまでに成長しました。

本書は、皆さんが普段使うことになる英文を5割以上描き下ろし、インスタにはなかった、背景まで徹底的にこだわったイラストを入れ、バージョンアップさせたものになっています。実際にフレーズを使うシーンを連想しながら実用的な英会話を学んでいただければ幸いです。

片山実

制作陣

企画：片山実 （かたやま・まこと）

早稲田大学理工学部卒業後、NEC で SE として勤務。独立後は Web 開発・運営を行う。2019 年 7 月に「3 分英会話」を立ち上げる。

著者：相澤真耶 （あいざわ・まや）

トルコ、イスタンブールのインターナショナルスクールで小学生時代を過ごす。
慶應義塾大学法学部法律学科卒。大学在学時に「ザ！世界仰天ニュース」（日本テレビ）の番組リサーチ及び翻訳を 2 年間担当。
新卒で入社した商社経理部で海外税務担当。インドネシア、インド、南アフリカなど世界各国の税務案件に携わる。
退職後はフリーとなり英語ナレーション、Web ライター業務を開始。「3 分英会話」に設立当初から携わり、英語全般を担当。
こなれた英語表現をわかりやすく説明することが得意。英語の響きが好きで発音コーチングを不定期で開催。英語技能検定 1 級。EPT®英語発音テスト満点。英語発音指導士®。
Twitter @Maya09753716

イラスト：西岡ハルカ （にしおか・はるか）

専門学校卒業後、営業職・デザイン職を経て 2006 年〜都内で Web デザイン、紙媒体デザインを中心にフリーランスとして活動中。

超図解 3分英会話フレーズ1500 目次

Chapter

01
基本会話

普段のあいさつ	21
初対面のあいさつ	21
別れのあいさつ	25
天気と季節	25
名前	29
出身、居住地	29
年齢、家族構成	33
職業、専攻	33
嬉しい、楽しい	37
悲しい	37
怒る	41
驚く	41
好き嫌い	45
賛成・反対	45
フォーマルな切り出し方	49
友達への切り出し方	49
コラム「どうやったら英語力がつく?」	53

Chapter

02
生活

料理	57
掃除	57
ごみ出し／分別	61
洗濯	61
図解 家にあるもの（家具・家電）	64
子供への声かけ	67
子供の成長	67
図解 人間の成長と人生のイベント	70
金持ち	73
貧乏	73
高い、安い	77
ローン	77
携帯	81
PC	81
インターネット	85
SNS	85
勉強	89
学校での会話	89
図解 学校に関わる英単語	92
コラム 「単語、文法どちらから 始めれば良い？」	95

INDEX

Chapter
03
交友関係

感謝する	99
ふざける	103
気遣う	103
出会い	107
恋心	107
デート	111
別れ	111
図解 あなたの彼氏 / 彼女は どんな人？	114
友達の噂話	117
芸能ゴシップ	117
悪口	121
愚痴	121
コラム 「基礎的なリスニング力をつける にはどうしたら良い？」	125

Chapter
04
オフタイム

個人競技	129
団体競技	129
スポーツ観戦	133
世界大会	133
好み	137
演奏する	137
インドア	141
アウトドア	141
服装にコメントする	145
流行に乗る	145

図解 1950年代から1980年代に
かけての流行ファッション _____ 148

図解 様々なヘアスタイル _____ 150

ダイエット _____ 153

健康 _____ 153

美容室 _____ 157

エステ _____ 157

遊園地 _____ 161

映画館 _____ 161

飲み会 _____ 165

習い事 _____ 169

スポーツジム _____ 169

結婚式 _____ 173

葬式・法事 _____ 173

人生の節目を祝う伝統行事 _____ 177

政治 _____ 181

経済 _____ 181

コラム 「もっとリスニング力を上げたい
場合はどうしたら良い?」 _____ 185

Chapter

05

海外旅行

入国時 _____ 189

出国時 _____ 193

CAさんとの会話 _____ 197

他の乗客との会話 _____ 201

バス _____ 205

電車・タクシー _____ 205

INDEX

日本との共通点・違い　209

レンタカー　209

ハウスキーピング　213

ルームサービス　213

チェックイン　217

チェックアウト　217

レストランに到着　221

オーダーする　221

店員との会話　225

食事中の会話　225

図解 食べ物と飲み物の数え方　228

道を尋ねる　231

観光　231

図解 旅行先で自分だけのカスタマイズ
　　　 ドリンクをオーダー　234

店員さんとの会話　237

買い物中のおしゃべり　241

通話　245

インターネット　245

盗難・紛失・詐欺　249

車のトラブル　257

病院に行きたい　257

図解 運転にまつわるフレーズ　260

病院にて　263

コラム 「スピーキング力をつけるには
　　　　 どうしたら良い？」　267

Chapter 06
外国人をもてなす

電車	271
バス	271
歩き	275
おすすめのルート	275
観光案内中の会話	279
観光スポットの説明	283
漫画、オタク文化	287
日本語	287
図解 お箸のマナー「嫌い箸」	290
日本で独自の発展を遂げた海外の行事	293
日本独特の文化	293
コラム「和訳せずに英語を英語で理解したい！」	297

Chapter 07
ビジネス

出社・退社	301
電話をかける	305
電話を受ける	305
商談	309
ミーティング	313
リモート会議	313
部下を褒める・指導する	317
依頼	317
図解 オフィスにある事務用品	320
社内の評価	323
副業	323
コラム「発音の勉強って大事なの？」	327

Chapter

01

Chapter 01

基本会話

様々なあいさつや自己紹介のフレーズを取り上げています。
初対面なのか、久しぶりの再会なのかなど、出会った時に
使うフレーズは場面によって異なります。

天気や季節に関するフレーズ、よく使われる相づちは会話
をスムーズにつなぐのに便利です。

喜怒哀楽を表現したり、意見を言ったりするフレーズは会
話を盛り上げるのに役立ちます。余裕がある方は、相手か
ら意見を聞き出すフレーズもぜひ参考にしてみてください。

Chapter 01

普段のあいさつ

"Hi! How are you?"
と言われたらなんて返す？

初対面のあいさつ

"Nice to meet you."
と言われたらなんて返す？

How are you? の返事

"I'm fine. Thank you. And you?" は実はほとんど使われません。
(I'm) fine / good / great / okay / not so bad.
などと答えるか、
I've been busy working.
（仕事が忙しかったよ）などと近況を答えても良いです。

その後に、
How are you (doing)?
How is it going?
How is everything (going)?
などと聞き返すのが一般的です。

Nice to meet you. とその返事

Nice to meet you. 以外にも様々な言い方があります。
Great / Good / Glad / Pleasure to meet you.

返事は左ページの例文のように **You, too.** と返すか、
Nice to meet you, too. などのように文末に **too** を付けても良いです。
「私もです」だとついつい **Me, too.** と言ってしまうのですが、
ここは **You, too.** が自然です。
これは、**(It is so) nice to meet you, too.** を省略したものだからです。
他にも
Same here. / Likewise.（こちらも同じです）という言い方があります。

💬 **初対面のフレーズ**

I was looking forward to meeting you.（お会いできるのを楽しみにしていました）
We've finally met in person!（やっと直接会えたね！）
》 in person で「（電話やオンラインではなく）直接」

関連フレーズ集　**久しぶりのあいさつ**

It's been a while.
≫ 久しぶり。
a while で「しばらく」（例）after a while で「しばらくして」

I've missed you!
≫ 会いたかったよ！

When was the last time we met?
≫ 最後に会ったのはいつでしたっけ？

It's been five years.
≫ 5年ぶりですね。

Reminds me of the good old days. You haven't changed a bit.
≫ 昔を思い出すな。全然変わらないね。
good old days で「古き良き時代／日々」

You are a big girl now.
≫ もうすっかりお姉さんになったね。

Do you remember the café we used to go to? What was it called?
≫ よく一緒に行ったカフェ覚えています？ なんというお店でしたっけ？
used to ～で「かつて、よく～していた」

No one ever thought I would be a teacher back then.
≫ 私が教師になるなんて当時誰も思わなかったよね。
back then で「当時」

From now on, let's keep in touch.
≫ これからは連絡を取り合おうね。
keep in touch で「連絡を取り合う」

別れのあいさつ

「ご両親によろしくね」
英語でなんて言う？

天気と季節

「日に日に暖かくなっていますね」
英語でなんて言う？

See you. Say hello to your parents!

（またね。ご両親によろしくね！）

I will. Thanks for this huge teddy bear. They'll love it, too! Bye!

（伝えるよ。この巨大なテディベアもありがとう。両親も気に入るはず！ じゃあね！）

It's getting warmer day by day. I guess spring is around the corner.

（日に日に暖かくなっていますね。もうすぐ春ですね）

Yes. There's a lot of pollen in the air today. I can't stop sneezing...

（ええ、今日は花粉がたくさん飛んでいますね。くしゃみが止まらないなあ…）

💬 別れ際のフレーズ

解説

See you soon.（また近々ね）
See you later.（後でね）
See you around.（じゃあね）
Text me.（メールしてね）
Call me.（電話ちょうだいね）
I must be going.（もう行かなきゃ）
Good luck with the exam!（試験がんばってね！）
Have a nice day.（良い一日を）
It was nice talking with you.（お話しできて良かったです）

別れのあいさつの前の「では、そろそろ…」

All right, then... / So... / Right... / Okay...
≫「そろそろお別れだな」とわかる暗黙の合図です。

解説

≫ **day by day** で「日に日に」、**pollen** で「花粉」
≫ **be around the corner** は例文のように「もうすぐだ」という時に使えます。他にも物理的に「その角を曲がったところにある」という時に使えます。

💬 天気・季節のフレーズ

It's really hot today.（今日はとても暑いですね）
It's nice and warm today.（今日は暖かくて天気がいいですね）
The weather is so pleasant today.（今日はとても過ごしやすい天気ですね）
It's freezing!（すごく寒いですね）
It's windy.（風が強いですね）
This winter is milder than usual.（今年は暖冬ですね）
Summers in Japan are so humid that they are intolerable.
（日本の夏は湿気が多すぎて耐えられない）
≫「蒸し暑い」は muggy と言います。

関連フレーズ集 よく使われる相づち

Uh-huh. / Right. / Sure.
》 うんうん。

That's true. / Exactly. / Totally.
》 そうだね。／その通りですね。

I see. / Makes sense.
》 なるほど。

Really?
》 へえ？／本当？
語尾を下げると「へえ」ぐらいの意味、語尾をあげると「本当〜？！」になる便利な言葉です。

Wow!
》 えー！？
読み方は「ワーゥ」です。くだけた場面での相づちです。

What?
》 え？今なんて？／うそ〜！
ただ聞き逃したのか、驚きを表したいのか、言い方によって意味が変わってきます。

You must be kidding!
》 冗談でしょー！
You must be joking! / No kidding! でも同じ意味です。

Seriously?
》 まじで？／本当に？
serious で「真剣な／まじめな」

No way!
》 嘘でしょー！

名前

「自己紹介をさせてください」
英語でなんて言う？

出身、居住地

「東京のどちらにお住まいですか？」
英語でなんて言う？

Excuse me, have we met before?

（すみません。前にお会いした
ことがありますか？）

No, I think this is our first time to meet. Let me introduce myself. My name is Kana, and I'm from Japan.

（いいえ、初対面なはずです。
自己紹介をさせてください。私の名前はカナで、
日本から来ました）

Where in Tokyo do you live?

（東京のどちらにお住まい
ですか？）

I live near Ueno Zoo. It's a nice area to live in with a lot of greenery. Also, I can see pandas anytime I want.

（上野動物園の近くです。緑豊かで住みやすい
場所です。いつでもパンダを見に行けますし）

「自己紹介をさせてください」他の言い方　　解説

Allow me to introduce myself.
》 Allow me to 〜 で「私に〜させてください」
Let me tell you a little bit about myself.

名前を伝え合う時のフレーズ

I was named after my mother's favorite author.
（私の名前の由来は母の好きな作家です）
My name means "flower" in Japanese.
（私の名前は日本語で「花」という意味です）
Please call me Mai.
（マイと呼んでください）
》 特定のあだ名で呼んで欲しい時、もしくは Ms. や Mr. を付けずに呼び捨てして欲しい時に使います。

「東京のどちらにお住まいですか？」他の言い方　　解説

Which part of Tokyo do you live in?
Whereabouts in Tokyo do you live?
》 Whereabouts は Where（どこ）と about（大体）をあわせて「大体どこ」

出身地に関するフレーズ

Where are you from?
（ご出身はどちらですか？）
Where were you born?
（どちらでお生まれになったんですか？）
What is your heritage?
（ご先祖のルーツはどちらですか？）
I'm from a place called Kamakura, a coastal town in Kanagawa.
（出身は鎌倉というところです。神奈川県の海辺の町です）

関連フレーズ集 あなたの出身地について語ってみよう！

I grew up in the countryside with raccoon dogs and boars all around.
>> タヌキやイノシシがたくさんいる田舎で育ちました。
countryside を sticks に変えると日本語の「ド田舎」のようなカジュアルなニュアンスになります。

The area where I was born is famous for soba, or buckwheat noodles.
>> 私の出身地は蕎麦で有名です。
うどんや蕎麦を総称して Japanese noodles と言うこともあります。

I speak the Kansai dialect with my family.
>> 家族とは関西弁で話します。
dialect は「方言」です。

I go home by bullet train at the New Year.
>> 年始に新幹線で帰省します。

I've moved a lot due to my father's work.
>> 父の仕事の関係で何度も引っ越しをしてきました。

My birthplace is Shizuoka, but I grew up in Hokkaido, so in that sense, Hokkaido is my hometown.
>> 生まれたのは静岡だけど、育ったのは北海道だから、そういう意味では北海道が私の故郷ね。
birthplace は「出生地」、in that sense で「そういう意味では」

In my childhood, I never purchased vegetables because my parents were farmers.
>> 両親が農家だったので子供の頃野菜を購入したことがありません。
in my childhood で「子供の頃」

When I drink lemon milk, it reminds me of my hometown.
>> レモン牛乳を飲むと故郷を思い出します。

I support the city I was born in with *furusato nozei*, or Hometown Tax payments.
>> ふるさと納税で自分が生まれた町をいつも応援しています。

Chapter 01

年齢、家族構成

「6人家族です」
英語でなんて言う？

職業、専攻

「児童心理学を専攻しています」
英語でなんて言う？

You are so good with children.
（子供の扱いがとても上手ですね）

Thanks. We are a family of six, and I was the first-born child. I looked after my sisters and brother when they were little.
（ありがとうございます。うち6人家族で私が第一子なんです。妹と弟が小さい頃面倒をみていたので）

I'm in my second year of university, and I'm majoring in child psychology.
（私は大学2年生で、児童心理学を専攻しています）

Really? What a coincidence! My major is child psychology as well!
（本当? 偶然だな。僕も児童心理学の専攻なんだ）

解説

- » **be good with 〜** で「〜がうまい／〜の扱いがうまい」
- » **the first-born child** で「第一子」
- » **look after 〜** で「〜の面倒をみる」

💬 年齢に関するフレーズ

You look much younger than you actually are.
（実年齢よりずっとお若く見えますね）

You are the same age as my elder / younger sister.
（あなたは姉／妹と同い年です）

》「私たち同い年ですね」は We are the same age.

I'm in my thirties. （三十代です）

💬 家族構成に関するフレーズ

My parents are divorced. （両親は離婚しています）

I've always been Grandma's little boy / girl. （昔からおばあちゃん子です）

》 have always been 〜で「前からずっと〜です／していました」

解説

- » アメリカでは大学1年生を **freshman**、2年生を **sophomore**、3年生を **junior**、4年生を **senior** と呼ぶこともあります。
- » **coincidence** で「偶然（の出来事）」

💬 職業・専攻に関するフレーズ

I am a student at Kobe University, and my major is international taxation.
（私は神戸大学の学生で、国際租税法を専攻しています）

What do you do? （お仕事は何ですか？）

I work for an insurance company.
（保険会社に勤めています）

I've been a freelance writer for over four years.
（フリーのライターになって4年以上経ちます）

I'm between jobs. （現在求職中です）

I'm a househusband. （専業主夫です）

》 男女関係なく homemaker とも言います。専業主婦は housewife、子供がいる場合は stay-at-home mom とも言います。

関連フレーズ集 性格を語るフレーズ

How would you describe your personality?
》 あなたはどんな性格だと思いますか？

Everyone says I'm a demon for work, but I'm also a family man.
》 よく仕事の鬼と言われますが、家庭も大事にしています。

demon for work で「仕事の鬼」

I'm a man of action. I try to take positive steps toward my goals.
》 私は行動派です。目標に向かって前向きに進むようにしています。

man of action で「行動派」

I used to have a passive attitude about everything, but I became more assertive when I met my husband.
》 以前は何事にも消極的態度でした。でも、夫に出会ってから積極的な性格になりました。

passive で「消極的」

I have a short temper. One thing I'm not very good at is stopping to think.
》 気が短いです。立ち止まって考えるということが苦手なことの一つです。

I have a lot of curiosity. Last summer I suddenly got interested in bugs and collected 30 beetles.
》 私は好奇心旺盛な人間です。去年の夏に急に虫に興味を持ち、カブトムシを 30 匹集めました。

beetle で「カブトムシ」

I have to admit that I'm a tiger mom. Last year, I spent 20 thousand dollars on my son's cram school.
》 正直なところ、私は教育ママです。昨年は息子の塾に 2 万ドルを費やしました。

tiger mom で「教育ママ」

I'm very talkative. I'm aware of that, but I can't change it. Please stop me anytime I speak too much.
》 すごくおしゃべりなんです。わかっているんですけれど変われないんです。話しすぎの時はいつでも止めてくださいね。

嬉しい、楽しい

「光栄です」
英語でなんて言う？

悲しい

「がっかりだよ」
英語でなんて言う？

Nobody else can draw the way you do. Your paintings are so special and attractive.

（あなたのような絵を描ける人は他にいないよ。
あなたの絵はとても特別で魅力的だ）

I'm flattered.

（光栄です）

I'm disappointed with you. How did you come up with such a terrible joke?

（あなたにはがっかりだよ。なんであんな
ひどい冗談を思いついたわけ？）

Stop giving me that sad look. I apologized, didn't I?

（そんなに悲しそうに僕を見るのやめ
てよ。謝っただろう？）

解説

» **flatter** で「お世辞を言う」
» **I'm flattered.** は直訳すると「私はお世辞を言われた」ですが「お世辞を言っていただいて嬉しいです」という謙虚さを見せながら喜びを表すフレーズとして使います。

 褒められた時の返し方

Thanks for the compliment.（褒めてくれてありがとう）
» 日本人はよく "No! I'm not good!" などと謙遜してしまいますがそれは日本独特の文化なので素直に感謝しましょう。

 嬉しい・楽しい時のフレーズ

I'm so excited.（とてもワクワクしてる）
I can't believe it's happening!（（こんな嬉しいことが）現実だなんて信じられない！）
I was so impressed by the music.（音楽にとても感動しました）
» impress 〜で「〜に良い印象／感動を与える」
We had such a pleasant time.（本当に楽しかったね）
I'm glad to see you again.（あなたにまた会えて嬉しい）

 解説

» **be disappointed with 〜**で「〜にがっかりする」
» **apologize** で「謝罪する」、**come up with 〜**で「〜を思いつく」

 「がっかり」他のフレーズ

What a disappointment.（なんてがっかりなんだ）
Don't let me down.（がっかりさせないでくれよ）

💬 悲しい時のフレーズ

I'm so sad.（悲しいな）
I don't think I can get over this.（立ち直れないかもしれない）
» get over 〜で「〜を克服する」
I'm very sorry.（本当に残念だね）
» 謝罪以外にも相手への同情を示す時に使えます。
I feel miserable.（みじめな気分だ）

関連フレーズ集　大げさすぎる英語の表現

He bit my head off just because he was in a bad mood.
》 機嫌が悪いというだけで彼は私にくってかかってきた。

直訳：「私の頭を嚙みちぎった」訳もなく突然怒る時に使われます。bit は
bite の過去形。

I'm the happiest man in the universe.
》 僕は宇宙で一番幸福だ。

in the universe の代わりに on earth（地球で）を使うことも。頻繁に宇宙や地球の一番が誕生します。

Awesome!
》 すごい！／最高だよ！

もともと畏怖の念を抱かせるほど素晴らしいという意味の最上級のほめ言葉。今では頻繁に使われています。

I lost my driver's license. This is the worst moment in history.
》 運転免許証をなくした。史上最悪の事態だ。

I'm at the end of my rope.
》 もう無理！

直訳：「ロープ／命綱の終わり」我慢の限界や万策尽きた時に使われます。

My mom will kill me when she finds out that I'm a Giants fan.
》 ジャイアンツのファンだと知られたらお母さんに殺される。

She loved the show so much that her smile was a mile wide.
》 彼女はショーがとても気に入って、笑顔の口元が1マイル横に伸びてたよ。

I'm drowning in tears.
》 自分の涙で溺れちゃう。

ご紹介したような誇張表現は英語で **hyperbole** と言います。ちょっとおどけた雰囲気を出したい時、仲の良い友人同士などの間でよく使います。他にもたくさんあるので調べてみてくださいね！

怒る

「信じられない！元彼がまた電話かけてきた！」
英語でなんて言う？

Chapter 01

驚く

「なんて偶然なの！」
英語でなんて言う？

I can't believe my ex called me again!!! I can't stand him!
（信じられない！ 元彼がまた電話かけてきた！ あの人大っ嫌いよ）

He must have been drunk again...
（また酔っていたに違いない わね…）

Akemi! What are you doing here?
（あけみさん！ なにしてるの？）

Oh! What a coincidence! I am on my way to the fish market.
（あら、なんて偶然なの！ 魚屋に行く ところなの）

解説

» **I can't stand him!** は **I hate him!** とほぼ同義です。
» **my ex** で「元カレ／元カノ」

 怒りのフレーズ

I can't take it anymore!（もう我慢できない！）
It's so irritating.（すごくイライラする）
I won't forgive you.（許さないから）
Leave me alone.（一人にさせて）
Do you know how much you hurt my feelings?
（どれくらい私の心を傷つけたかわかっているの？）

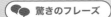 謝るフレーズ

I am really sorry.（本当にごめん）
I promise I won't do it again.（もうやらないって約束するから）
I want to make up with you.（君と仲直りしたいんだ）
» make (it) up with ～で「～と仲直りする」

解説

🗨 驚きのフレーズ

No kidding!（まじで？）
» Seriously? / Really? なども同じ意味です。
That's amazing!（すごい！）
» That's incredible! も同じ意味です。ポジティブな意味で驚いた時に使います。
Stop freaking me out!（驚かすのやめてよ！）
» freak out で「びっくりさせる」もしくは「びっくりして取り乱す」
To my surprise, my grandmother started using TikTok at the age of 80.
（驚いたことに、私の祖母は 80 歳でティックトックを始めたんです）
» To my surprise, を Surprisingly, や It was surprising that に変えても同じ意味です。
You wouldn't believe this, but I'm expecting a baby!
（信じられないかもしれないけど、私妊娠したの！）
» I'm expecting. だけでも使われます。I'm pregnant. でも同じ意味です。

関連フレーズ集 怖〜いフレーズ

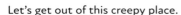

I'm scared!
>> 怖いよー！

Let's get out of this creepy place.
>> この不気味な場所から離れようよ。

My father is very strict.
>> 私の父はとても怖い。

strict は「厳格な／厳しい」という意味で使われる。

I wish I knew how to put a curse on that annoying girl.
>> あのムカつく女の子に呪いをかける方法を知っていたらいいのに。

put a curse on 〜 で「〜に呪いをかける」、I wish I knew 〜 で「〜を知っていたらいいのに」

I feel like watching a spine-chilling horror movie.
>> ぞくぞくするようなホラー映画が観たい気分だ。

feel like 〜 ing で「〜したい気分だ」

Japanese ghosts are much more horrifying than others.
>> 日本のお化けは他の国のお化けよりずっと怖い。

The house haunted by a ghost was on sale at half price.
>> お化けの住む家が半額セールで売られていた。

be on sale で「セールになる」、at half price で「半額で」

It's his wife that Mr. Tanaka fears most.
>> 田中さんが最も恐れるのは奥さんだ。

For fear of being alone, Mariko had no choice but to call her former boyfriend.
>> 一人になるのを恐れて、真理子は仕方なく元彼に電話した。

for fear of 〜 ing で「〜するのを恐れて」、have no choice but to 〜 で「仕方なく〜する」

好き嫌い

「甘いものに目がない」
英語でなんて言う？

賛成・反対

「絶対にいや！」
英語でなんて言う？

You can't resist sweets.
（甘いものに目がないんだから）

Look who's talking. You can't resist tall and handsome guys.
（よく言うわよ。背が高くてかっこいい男の人に目がないくせに）

How about running your first marathon this year?
（今年は初めてのマラソンに挑戦してみたら？）

No, no, never. Definitely not.
（いやいや、絶対にいやだわー）

解説

» **can't resist** は直訳すると「抗えない／抵抗できない」です。他にも
You are crazy about sweets.
You have a weakness for sweets.
You have a sweet tooth.
などがあります。

 好き嫌いのフレーズ

I'm not picky about food.（食べ物の好き嫌いはありません）
I am a great fan of the Beatles.（ビートルズの大ファンです）
Which do you prefer, rural or urban life?（田舎暮らしと都会暮らしどちらがいい？）
» rural で「田舎の」、urban で「都会の」
I hate being the center of attention.（注目されるのが大嫌いです）
I like reading self-improvement books, but I hate being told what to do by my friends and acquaintances.
（自己啓発本を読むのは好きですが、友達や知り合いにどうすべきか指図されるのはいやです）
» acquaintance で「知人」

解説

» **definitely** で「確かに、間違いなく」
» **definitely not** で「絶対にない」

 賛成・反対のフレーズ

All right.（了解です）
Sure! / Of course!（もちろんです）
I couldn't agree more. / Absolutely. / Exactly.（その通りだね）
Yeah, probably.（おそらくそうだね）
I don't know about that.（どうでしょうかね）
» どちらかと言うと否定的な時に使います。
Probably not.（違うかもしれません）
I don't think so.（そうは思わないです）
Let's agree to disagree.
（意見が合わないということで、この議論はおしまいにしましょう）

関連フレーズ集 相手の意見を聞き出すフレーズ

What do you think about my outfit today?
≫ 私の今日の服装どう思う？
outfit は「服装」

How do you feel about Takeshi?
≫ タケシのことどう思っているの？
think よりも「感情的に」どう思っているの？という時に使います。

What would you say if I told you I love you?
≫「愛してる」って言ったら、あなたはどうする？

What are your views about the current administration?
≫ 今の政府についてどのようなご意見ですか？

Do you think it's all right to put pineapple on a pizza?
≫ ピザにパイナップルをのせるのは問題ないと思う？

Do you think I should buy *fukujinzuke* for the curry tonight?
≫ 今夜のカレーのために福神漬けを買った方がいいと思う？

Do you mind if I squeeze lemon over the fried chicken?
≫ 唐揚げにレモンを絞ってもいいですか？
mind は「気にする」という意味なので「いいですよ」は No, I don't. と答えます。

I would rather stay at home than go shopping. How about you?
≫ 買い物行くより家にいたいな。あなたはどう？
would rather A than B で「B するより（むしろ）A がしたい」です。

Ken says I have too much makeup on. Any suggestions?
≫ 私の化粧が濃いってケンは言うの。どうしたらいい？
Any suggestions? は Do you have any suggestions? の略で「何か提案はありますか？」の意味です。

Chapter 01

フォーマルな切り出し方

丁寧に頼み事をしたい時、
Can you ～ please? の他にどんな言い方がある？

友達への切り出し方

「ねえ、きいて、きいて♪」
英語でなんて言う？

I was wondering を使いこなす

解説

会話を切り出す時に **I was wondering.** と言うと「ちょっと気になっていたんですけど」という意味になります。

> **I was wondering. What do you have in your bag?**
> （ちょっと気になっていたんですけど、カバンの中に何が入っているんですか？）

また、これは例文のように何かをお願いをする時にとても便利です。
Can you come here?（こちらに来られる？）と言うよりも
I was wondering if you could come here. の方が同じ意味で丁寧な言い回しになります。
Can I have this?（これを私がもらってもいい？）なら
I was wondering if I could have this. と言い換えられます。

丁寧な会話の切り出し方

Could you do me a favor?（お願いしてもいいですか？）
Do you mind if I ask?（お聞きしてもよろしいですか？）

解説

> » **Guess what?** は真剣に話を聞いてほしい時ではなく、何か嬉しいことを報告する時の話し始めに使われるカジュアルなフレーズです。
> » **go on a date** で「デートする」

「ねえねえ」他の言い方

Hello / Hi / Hey（ねえ／やあ）
Listen / Look（いいかい）

他にも以下のようなことをすると会話が切り出しやすいですね！
①褒める
That's a nice dress!（そのワンピース素敵ですね！）
②質問する
How old is your dog? It's so cute!（あなたの犬は何歳ですか？ とても可愛いですね！）
③自分の要求を伝える
There's something wrong with my phone. Do you know how to fix this?
（携帯の調子がおかしいんだよね。直し方知ってる？）

関連フレーズ集 他にもたくさん！ 会話の切り出し方

Do you have a moment?
» ちょっと時間あるかな？

The thing is, he gets jealous if you go shopping with another guy.
» つまりね、あなたが他の男性と買い物に行くと彼はやきもちを焼くのよ。
Here's the thing. も「つまりね」です。

Remember I was thinking of moving to Thailand? I decided not to. I have to acquire a taste for cilantro first.
» 私がタイに引っ越そうとしていた話覚えてる？ あれやめたんだ。まずはパクチーを克服しないとね。
acquire a taste for ～で「徐々に（食べ物／飲み物）が好きになる」

I have something to tell you. I've always wanted to say that your support means a lot to me.
» 言いたいことがあるんだ。君の助けは僕にとってとても大切だとずっと伝えたかったんだ。
mean A to B で「B にとって A の意味を持つ」、mean a lot で「とても大切だ」

This is between you and me. I tell everyone that I hate alcohol, but to tell the truth, I drink like a fish.
» これ内緒ね。みんなにはお酒嫌いだって言ってるんだけど、実は私ものすごく飲むの。
drink like a fish で「大量のお酒を飲む」、to tell (you) the truth で「実は」

Speaking of alcohol, why is ramen after drinking so delicious?
» お酒といえば、飲んだ後のラーメンってなんであんなに美味しいんだろうね。
Speaking of ～で「～と言えば」

Sorry to interrupt, but isn't it time to pick up our kids from the nursery?
» 話の途中にごめんね。そろそろ保育園のお迎えの時間じゃない？

Before I forget, this is dashi soup, not barley tea.
» 忘れないうちに言っておくね。これ麦茶じゃなくてだし汁だから。

「どうやったら英語力がつく？」

英語力は短期間で身につくものではないので、勉強方法より前に、やる気が下がってきた時にいかに勉強をやめないかを考える必要があります。

そのためには、英語力を身につけたらどういう自分になりたいのか、具体的に想像することが重要です。可能な限り細部まで思い描いて、想像するだけでワクワクする気持ちが溢れ出てきたら完璧です。

「旅行先で友達に頼られる自分」「TOEIC で高得点を取る自分」「海外の仕事を任される自分」 １００人いれば１００通りあると思います。

私は小学校４年生の時に英語が全くしゃべれない状態でインターナショナルスクールに転校しました。転校して数ヶ月後、あるクラスメートがこう言いました。

I don't wanna sit next to Maya. She's boring!
（真耶の隣に座るのはイヤだよ。つまんないもん！）

She is bored.（彼女は退屈な思いをしている）と **She is boring.**（彼女はつまらない人だ）の違いを理解した瞬間です。クラスメートに**「つまらない」**と思われる。理由はなんであれ、これは小学生にとって死活問題です。

その日から、**「隣の席に座っておしゃべりしたいと思ってもらえる自分」**を思い描くようになりました。どんなフレーズを使えば相手が笑顔になるのか、会話が盛り上がるのか、注意深く観察するようになりました。地道な毎日でしたが、目標が明確だったから続けられたのだと思います。ある時イギリス人の友人と大笑いしながら**「あ！ 今の私、ずっと目指してきたところにいるんだな」**と感動した瞬間は大人になった今も忘れはしません。

あなたの思い描く姿はどんなものですか？

Chapter

02

Chapter 02

生活

家事、育児、お金や学校生活のことなど、日常生活を話題にする時のフレーズを取り上げています。

この Chapter のフレーズを使えば、家事については料理、掃除、洗濯からその分担さえも話題にできるようになります。

育児のパートでは子供にかける言葉に加え、ママ友など大人同士で子供について話す時も想定してフレーズを選んでいます。

日常生活を語るうえで欠かせない携帯や SNS についてのフレーズもご紹介しています。

学校生活特有の表現もたくさんあります。留学の予定がなくても、学校が舞台の海外ドラマや映画をより楽しめるようになるので、覚えてみて損はありません。

料理

「もうごはんできた？」
英語でなんて言う？

掃除

「リビングを片付けたよ」
英語でなんて言う？

Is it done yet?
（もうごはんできた？）

Wait until the chicken becomes golden brown.
（チキンがこんがり焼けるまで待ってね）

I tidied up the living room.
（リビングを片付けたよ）

Now you have space for yoga!
（ヨガをするスペースができたね！）

02-03, 02-04

 「もうごはんできた？」他の言い方

解説

Is dinner / lunch ready?
Is it time to eat?

 料理のフレーズ

Turn the heat to low so it won't burn.
（焦げないように弱火にしてね）
Add a pinch of salt and cook for a short time.
（塩を一つまみ入れた後、さっと火を通してね）
Place a colander in the kitchen sink and drain the pasta.
（流しにざるを置いて、パスタのお湯をきりましょう）
Can you use this spatula to flip it over?
（このフライ返しでひっくり返してくれる？）
Be careful not to overcook it.
（焼き過ぎに気をつけて）

Chapter 02

解説

　» **tidy up** で「片付ける」

「リビングを片付けたよ」他の言い方

I decluttered the living room.
I cleaned up the living room.

 掃除のフレーズ

Let's open the windows to let fresh air in.
（窓を開けて空気を入れ替えましょう）
You should minimize your belongings to maintain a tidy room.
（部屋を綺麗にたもつために物を最小限にしないとね）
Why does dust gather in corners?
（どうして角にホコリがたまるんだろう）
What should I do with the clutter in the kitchen?
（台所の散らかりはどうしたらいいの？）
　» **clutter** で「乱雑に散らかったもの（山）」

関連フレーズ集 **家事の分担**

Can you do the dishes while I am taking care of the kids?
》 子供たちの面倒を見てるから、お皿を洗っておいてくれる?

Since we both work outside, we should share housework equally.
》 共働きなのだから、家事は均等に分担しようよ。
since 〜は「〜以来」という意味の他に「〜だから」という使い方があります。

My boyfriend is a clean freak, and I'm not sure if I can live with him any longer.
》 彼が潔癖でこれ以上一緒に住めるか自信ないな。
any longer で「これ以上」

Can you buy some onions on your way home?
》 帰りに玉ねぎ買ってきてくれる?
on one's way home で「帰る途中で」。on the way home とも言います。

Let's keep the fridge 40% empty so we can clearly see what we already have.
》 中のものがよく見えるように冷蔵庫の四割は空けておくことにしようよ。

The kitchen is perfectly clean! Thank you so much!
》 キッチンが完璧に綺麗になってる! 本当にありがとう!

Make it a habit to put things back where they belong when you are finished using them.
》 使い終わったら元の場所に片付けるのを習慣にしてね。
make it a habit to 〜で「〜するのを習慣にする」

There's dust gathering in corners. Can you vacuum the floor?
》 角にホコリがたまっているわ。掃除機かけてくれる?

ごみ出し／分別

「ゴミを出す」
英語でなんて言う？

洗濯

「洗濯機で洗えるの？」
英語でなんて言う？

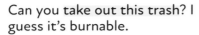

Can you take out this trash? I guess it's burnable.
（このゴミ出しておいてくれる？ 多分これ燃えるゴミだと思う）

Hey! That is my artwork, not trash!
（ちょっと！ それ俺のアート作品。 ゴミじゃない！）

I like your dress! I'm looking for a dress like that. Can you machine-wash it?
（そのワンピースいいね！ そういうワンピースを探しているのよ。 洗濯機で洗えるの？）

Yes, it's machine-washable. It's my favorite!
（洗えるわよ。お気に入りなの）

> » **take out the trash / garbage** で「ゴミを出す」
> 可燃不燃は色々な言い方があります。
> 可燃／不燃
> **burnable / unburnable**
> **combustible / incombustible**

💬 ごみの分別フレーズ

If it says "Combustible" on the package, it means it's burnable.
（容器に "Combustible" と書いてあったら、それは可燃という意味です）

One of my neighbors never separates out the bottles and cans.
（うちのご近所さんの一人は絶対にびんと缶を分別しないんだよね）

The sorting of trash is so complicated in this city.
（この町のごみ分別はとてもややこしいです）
» sorting of trash で「ごみの分別」、complicated で「複雑な／難しい」

Do you know why we need to separate garbage according to type?
（なぜゴミを分別する必要があるのか理解しているかい？）
» garbage は trash とほぼ同じ意味で使われています。

> » **Is it machine-washable?** でも同じ意味です。
> » フォーマルなドレスだけでなく、ワンピースのことも英語では **dress** と言います。
> » 洗濯機は英語で **washing machine** です。
> **machine-wash** で「洗濯機で洗う」という動詞になります。

💬 洗濯のフレーズ

I'll do the laundry. Can you do the folding afterwards?
（私が洗濯するね。後で畳むのやってくれる？）
» do the laundry で「洗濯をする」、洗濯物を畳む時は fold を使います。

I never hang my underwear outside.（自分の下着は絶対に外には干しません）

Don't put the shirt in the dryer. It'll shrink.（そのシャツは乾燥機には入れないで。縮むから）» shrink で「縮む」

You shouldn't mix detergent and fabric softener.（洗剤と柔軟剤は混ぜちゃいけないよ）» detergent で「洗剤」、fabric softener で「柔軟剤」

Thanks for taking the clothes to the cleaner's.（服をクリーニングに出してくれてありがとう）

Chapter 02

図解

家にあるもの（家具・家電）

Furniture & Home Appliances

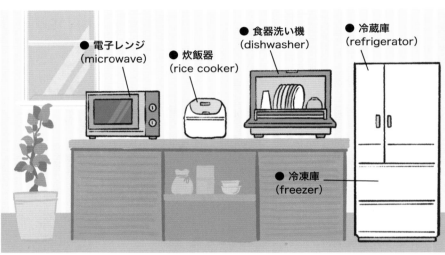

● 電子レンジ
（microwave）

● 炊飯器
（rice cooker）

● 食器洗い機
（dishwasher）

● 冷蔵庫
（refrigerator）

● 冷凍庫
（freezer）

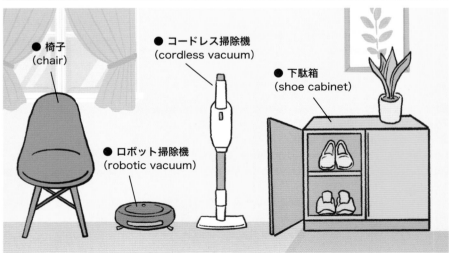

● 椅子
（chair）

● コードレス掃除機
（cordless vacuum）

● 下駄箱
（shoe cabinet）

● ロボット掃除機
（robotic vacuum）

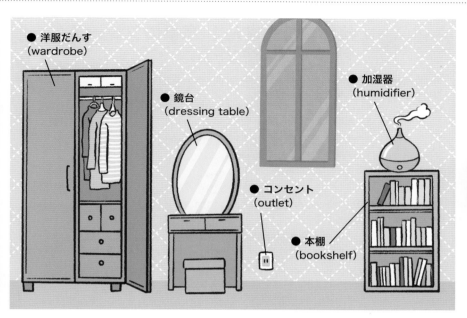

- 洋服だんす (wardrobe)
- 鏡台 (dressing table)
- 加湿器 (humidifier)
- コンセント (outlet)
- 本棚 (bookshelf)

Chapter 02

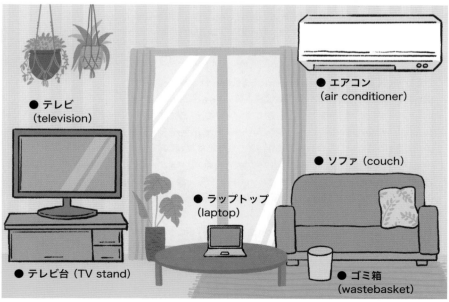

- テレビ (television)
- エアコン (air conditioner)
- ソファ (couch)
- ラップトップ (laptop)
- テレビ台 (TV stand)
- ゴミ箱 (wastebasket)

関連フレーズ集

他にもたくさん！ 家事のフレーズ
ある専業主婦のひとりごと

In housekeeping, there are a lot of tedious chores to get through besides cooking and laundry.
》 家事といっても料理や洗濯以外にもやらなきゃいけないうんざりする雑用がたくさんあるのよ。

We call them "unnamed household chores."
》 それを私たちは「名もなき家事」と呼ぶの。

Keeping a household account book is one of them.
》 家計簿をつけるのもその一つ。
keep a household account book で「家計簿をつける」

Even when I go grocery shopping, I always plan carefully beforehand.
》 日用品の買い出しへ行く時でも毎回事前に綿密な計画をたてるの。
grocery shopping で「日用品の買い出し」、beforehand で「事前に」(=in advance / ahead of time)

I make sure not to run out of any basic necessities like toilet paper.
》 トイレットペーパーなどの生活必需品のストックが切れないようにするわ。
basic necessity で「生活必需品」

Daily meal planning is also a troublesome task.
》 毎日の献立を考えるのも面倒な仕事よね。

I always make a little extra of everything and freeze leftovers.
》 料理する時はいつも少し多めに作って、残りを冷凍しておくの。

Don't forget to check the expiration date of every item in the fridge.
》 冷蔵庫の中に賞味期限切れのものがないか確認するのを忘れずにね。

Hey! Someone left a tissue in a pocket when I did the laundry! I guess it's my job to clean up the mess!
》 ちょっと！ 誰かがポケットの中にティッシュを入れっぱなしにしていたのを洗濯してしまったわ！ これを片付けるのも私の仕事ってわけね！

子供への声かけ

「自分でやってごらん」
英語でなんて言う？

子供の成長

「そのワンピース小さくなったわね！」
英語でなんて言う？

Put your hat on by yourself. I know you can do it.
（自分で帽子をかぶってみてね。あなたなら できるわ）

Yes, I did it!!
（やったー！ できた！）

You have outgrown this dress! You are a big girl now!
（このワンピース小さくなったわね！ あなた 大きくなったのねー！）

Yeah. I need a bigger one! Let's go shopping.
（うん。もっと大きいのが欲しい！ 買い物行こうよ）

- 🔼 **by oneself** で「自分だけで」です。
- 🔽 **outgrow** で「(成長して服などが) 着られなくなる」です。精神的な成長にも使います。

  (例)**Sara is 9 years old and has outgrown dolls.**

  (さらは9才でお人形遊びは卒業している)

解説

子供をほめる

You are such a big boy / girl!
(えらいねえ！)

You are beautiful inside and out.
(心も見た目も君は美しい)

You make me proud.
(あなたは私の誇りよ)

You have great ideas.
(あなたはいい考えを思いつくね)

You are very good at that.
(あなた本当にそれが上手ねえ)

子供とのやりとり

Tickle, tickle, tickle.
(こちょこちょこちょ)
≫「もぐもぐもぐ」は yum yum yum です。

I'll always be here when you need me.
(必要な時はいつもそばにいるからね)
≫ I'm always on your side. で「いつでもあなたの味方よ」

Pay attention when someone else is talking.
(他の人が話している時はちゃんと聞こうね)

Give me a hug!
(ギューしましょう！)
≫ hug を kiss に変えても。Give me five! で「ハイタッチしよう！」になります。

What was the best part of your day?
(今日一番嬉しかったことは何？)
≫ How was school today? で「今日の学校はどうだった？」

図解

人間の成長と人生のイベント

Stages & Events of Life

● 胎児
(baby in the womb)

● 新生児
(newborn)

● 歩き始めの幼児
(toddler)

● 子供
(child)

● ティーン
(teenager)

● 若者 (young adult)

● 中年 (middle-aged adult)

● 年配の人
(elderly)

● 未成年者
(minor)

● 大人
(adult)

Chapter 02

● 生まれる
(be born)

● はいはいする
(crawl)

● 入園する
(enter kindergarten)

● 通学する
(go to school)

● 初恋をする
(fall in love for the
first time)

● 卒業する
(graduate)

● 職を見つける
(get a job)

● 婚約する
(get engaged)

● 結婚する
(get married)

● 妊娠する
(get pregnant)

● 家庭をもつ
(have a family)

● 老後を楽しむ
(enjoy life
after retirement)

関連フレーズ集 ママ友同士で子供について語る

I'm thinking of giving my baby formula in addition to breastfeeding.
≫ 母乳だけじゃなくて粉ミルクもあげようかと考えているんだ。
formula で「粉ミルク」、in addition to 〜で「〜に加えて」

He is 1 year and 2 months old now. I'm concerned about his poor weight gain.
≫ この子は今 1 歳 2 ヶ月なの。体重が増えなくて心配しているんだ。

Don't worry. Sometimes toddlers lose weight as they become more active.
≫ 心配することないわよ。歩き始めの子供は活動的になって体重が減ることもあるし。

She just started to crawl a week ago.
≫ 1 週間前にハイハイし始めたばかりなの。
crawl で「ハイハイする」、「よちよち歩く」は toddle

My kids never listened to me. So, I decided to make my requests into games, and believe it or not, it worked!
≫ 子供たちが全然言うことを聞かなかったの。そこで私の要求をゲーム形式にしたら信じられないことに効果てきめん！
make A into B で「A を B にする」、believe it or not で「信じられないことに」

I'm so sick and tired of the nonstop sibling fights.
≫ 兄弟喧嘩がたえなくてもううんざり。
sick and tired of 〜で「〜にうんざり」、sick of 〜 / tired of 〜でも同じだけれど合わせると強調されます。

They've been at home all day and have ants in their pants. They need some exercise.
≫ 一日中家にいたからあの子たち落ち着かないのよ。運動させなきゃ。
have ants in one's pants で「ソワソワして落ち着かない」

She doesn't stop yelling. Is this one of the signs of the terrible twos?
≫ この子ずっとわめいてるわ。これって魔の二歳児が始まったってこと？
terrible twos で「魔の二歳児」

金持ち

「趣味をいかして稼ぐ」
英語でなんて言う？

Chapter 02

貧乏

「お金がない」
英語でなんて言う？

My grandma earns money by live gaming on YouTube.
（うちのおばあちゃん、ユーチューブでゲーム配信して収入を得ているんだ）

That's great. She's making a profit from her hobby.
（最高ね。趣味をいかして稼ぐなんて）

Can you lend me some money? I'm broke!
（ちょっとお金貸してくれない？　お金がないんだ！）

Go find someone else. I won't be able to help you anymore.
（他をあたってくれ。もうこれ以上君を助けてあげられそうにないよ）

解説

> » ⑤ **earn money** で「お金を稼ぐ」、**make a profit** で「利益をあげる」
> » ⑦ **lend** で「貸す」、**broke** で「一文なし」

経済状況

I don't have two pennies to rub together.（一文なしだ）

Kevin was born into a wealthy family.（ケビンは裕福な家庭に生まれた）
> » Kevin comes from a rich family. / Kevin was born with a silver spoon in his mouth. でも同じ意味です。

I keep my head above water by working full-time and making some money on the side.
（フルタイムで働きながら副業で稼いで、何とかやっていけている）
> » keep my head above water で「何とかやりくりする」、make money on the side で「副業で稼ぐ」

I can't afford a car. I live from day to day.
（車なんて買う余裕がないよ。その日暮らしをしているんだから）
> » live from day to day で「その日暮らしをする」

It felt very luxurious drinking champagne in the daylight hours.
（昼間からシャンパンを飲んでとても贅沢な気分だったわ）

The PTA is strapped for funds.（PTA は資金不足で困っている）
> » be strapped for funds で「資金不足で困る」

I grew up in poverty.（私の育った環境は貧しかった）

Mrs. Tanaka is a big spender.（田中夫人は金遣いの荒い人だ）

Mr. Tanaka is a very stingy man.（田中氏はとてもお金にケチな人だ）
> » お金にケチな人を a penny pincher とも言います。

関連フレーズ集 私の節約

The first thing to do is to figure out how much you spend per month.
》 まずはじめにやるべきことは、あなたが毎月いくら使っているのかを理解することです。

You need to limit overspending, otherwise you will be poor for the rest of your life.
》 無駄遣いをおさえるべき。さもないとこの先ずっと貧乏なままです。

You should spend less on nonessentials such as entertainment and dining out.
》 娯楽や外食などの必ずしも必要でないものにはあまりお金をかけない方がいいです。
nonessential で「必ずしも必要でないもの／非必需品」

One of the best ways to save money is to set a savings goal.
》 お金を貯める最善の方法の一つは、貯金目標を立てることです。

It's economical to carry your canteen at all times.
》 いつも水筒を持ち歩くと節約になります。

Do you know how much your monthly lighting and heating expenses are?
》 毎月の光熱費がいくらか把握していますか？
lighting and heating expenses で「光熱費」

Turning the lights off not only reduces the electricity bill but also extends the life of your light bulbs.
》 電気を消すことは電気代をおさえるだけでなく電球の持ちもよくします。
not only A but also B で「A だけでなく B も」

Eating out costs more than cooking at home.
》 自炊するより外食する方がお金がかかります。

Even when you feel like spending your money, do not give in to the temptation.
》 お金を使いたい気分になっても、誘惑に負けないでください。

Chapter 02

高い、安い

「それ高かったでしょう！」
英語でなんて言う？

ローン

「30年ローンで購入したの」
英語でなんて言う？

解説

» ⑤ **cost a fortune** で「大金がかかる」
» ⑦ **own** で「所有する」、**mortgage** で「住宅ローン」

出ていくお金

I treated Tomoko to a steak to buy her silence.
(ともこを口封じするためにステーキをおごった)
» buy (～ 's) silence で「(～を) お金で口封じする」、「口止め料」は hush money と言います。

I became a big fan of the story, so I bought the whole series.
(その物語が大好きになり全巻購入しました)
» the whole series で「シリーズ全巻」

My rent is two months overdue. (家賃を 2 ヶ月滞納してしまっている)
» overdue で「期限が過ぎて」

My credit card bill is due on the tenth of every month.
(私のクレジットカードの引き落としは毎月 10 日です)

Our family budget is in the red this month.
(今月の我が家の家計は赤字だ)
» be in the red で「赤字である」

I wonder how much money I've spent on my lash extensions so far.
(今まで私はまつエクに一体いくらお金を使ってきただろうか)
» lash extensions で「まつエク」、eyelash extensions とも言います。

I have finally paid off my mortgage!
(住宅ローンをようやく完済した！)

You can't take money with you, so why not spend it while you can?
(お金はあの世に持っていけないのだから、使えるうちに使っちゃえば？)

Money comes and goes. (金は天下の回りもの)

関連フレーズ集　入ってくるお金

It's payday today!
》 今日は給料日だ！

I earn 3,000 dollars a month.
》 私の月収は 3000 ドルです。

I made a profit of 500,000 yen from the sale of stocks.
》 株を売却して 50 万円の利益を得ました。

I started a side business so that I can make extra money without quitting my day job.
》 本業をやめずにもっと収入を得るため、副業を始めたんだ。

Karen gets an allowance of 500 yen a month.
》 カレンのお小遣いは毎月 500 円だ。
allowance で「お小遣い」

I bought wireless Bluetooth earphones with my secret savings.
》 へそくりでブルートゥース搭載のワイヤレスイヤフォンを買った。
secret savings で「へそくり」、もっとくだけた言い方で mad money というのもあります。

Don't forget to collect the money on delivery of the goods.
》 商品引き渡しの際に代金を回収するのを忘れないでくださいね。
on delivery of the goods で「商品引き渡しの際に」

I inherited a whole building from my grandfather, but I don't know what to do with it.
》 祖父からビル丸々 1 棟を相続したのだけれど、どうしていいかわからない。

If the books are in good condition, you can get more than ten bucks by selling them online.
》 本が良い状態なら、オンラインで売って 10 ドル以上稼げるわよ。
bucks は dollars と同じ意味ですが、もっと普段使いの言い方になります。

携帯

「電話に出なきゃ」
英語でなんて言う？

Chapter 02

PC

「再起動」
英語でなんて言う？

💬 電話中のフレーズ　　　　解説

Hello, this is Karen speaking.（もしもし、カレンです）
Is this a good time to talk?（今話す時間ある？）
I'm glad you called!（電話してくれて嬉しいよ！）
I guess I'd better get going.（そろそろ電話切らなきゃ）
Talk to you soon again. Bye!（また話そうね。じゃあね！）
Sorry, I didn't catch that.（今なんて？ 聞こえなかった）
I can't hear you. Can you speak up a little?
（聞こえないのでもう少し大きな声で話してもらえます？）
》 speak up で「もっと大きい声を出す」、「はっきり意見を述べる」という意味もあります。
Hello. This is Hiroko returning your call.
（もしもし、寛子です。お電話いただいていたみたいなんですが）
Thanks for getting back to me.
（折り返しありがとうございます）

💬 PC 関連のフレーズ　　　　解説

The battery doesn't last. Should I get a new one?
（充電がすぐに切れてしまう。新しいバッテリー買った方がいいかな？）
This PC is running so slowly. What can I do to speed it up?
（このパソコン、動きが遅すぎる。どうやったら速くなるんだろうか）
》 run slowly の他に perform sluggishly という表現もよく使います。
This laptop keeps shutting down.
（このラップトップ、すぐにシャットダウンするんだ）
It doesn't have internet connection.（ネットにつながらない）
Does it have a built-in microphone?（マイクは内蔵されているの？）
》 built-in で「内蔵された」
No wonder the PC doesn't work. It's unplugged!
（パソコンが動かないの当たり前だよ。プラグが抜けてるもの！）
》 unplug で「プラグを抜く」
Scroll down to the very bottom of the webpage.
（そのページの一番下までスクロールしてごらん）
》 scroll up で「上にスクロールする」

関連フレーズ集 便利なガジェットについて語る

What are the most useful gadgets you purchased this year?
≫ 今年購入したガジェットで最も役に立ったのはなんですか？
gadget で「ガジェット、小道具」

I recently bought an iPad for my kids' home study.
≫ 子供たちの家庭学習用に iPad を最近購入しました。

These days, the choice of Kindles is getting more complicated. I don't know which one to buy.
≫ 近頃キンドルの種類が複雑になってきていますね。どのキンドルを買ったら良いかわかりません。
complicated で「複雑な」

The wireless charger is very convenient because you can just put your phone on top and charge it.
≫ ワイヤレス充電器はスマホを上に置くだけで充電ができてとても便利です。

You should definitely get wireless headphones and skip the hassle of untangling cords.
≫ 絡まったコードをほどく手間から解放されるから、ワイヤレスヘッドホンは絶対に買った方がいいよ。
the hassle of ～で「～の手間／～のやっかいごと」

The ergonomic mouse I bought this year helps me work more efficiently.
≫ 今年買った人間工学マウスは仕事の効率を上げてくれます。
ergonomic で「人間工学の」、efficiently で「効率的に」

Thanks to the pedometer app on my smartwatch, I lost three kilograms in five months.
≫ スマートウォッチの歩数計アプリのおかげで 5 ヶ月で 3 キロ減量しました。

I carry around a mobile battery with me because my phone's battery is draining faster these days.
≫ 近頃すぐに携帯の充電が切れてしまうので、モバイルバッテリーを持ち歩いています。
drain で「流出する／干上がる」、battery が主語になると「電池が切れる」の意味になります。

インターネット

「無料の Wi-Fi はありますか？」
英語でなんて言う？

SNS

「インスタグラムやってる？」
英語でなんて言う？

 **インターネット関連のフレーズ** 解説

I read some reviews online and decided not to purchase the novel.
(ネットのレビューをみて、その小説を買うのはやめたんだ)
» novel で「小説」

If you use the streaming service, you don't have to download music files to your PC anymore.
(そのストリーミングサービスを使えばもう自分のパソコンに音楽ファイルをダウンロードする必要がなくなるんだ)

Can you send me a link to the website you were talking about?
(君が話していたウェブサイトのリンクを送ってくれる？)

Nowadays, some YouTubers influence the public more than Hollywood celebrities.
(近頃ではハリウッドセレブよりもユーチューバーの方が世間に影響を与えることがある)
» nowadays で「この頃／近頃（では）」

What I like about Instagram is that I can follow my favorite artists' accounts, and if I'm lucky, they follow me back.
(インスタグラムのいいところは、好きなアーティストのアカウントをフォローして、運が良ければフォロー返ししてもらえることです)

 解説

» **Do you have an Instagram account?** でもいいですね。

 SNS に関するフレーズ

I unfollowed the account. I don't find it interesting anymore.
(例のアカウントのフォローやめちゃった。もう面白いと思わなくなったから)

I updated my blog.
(ブログを更新しました)

This food is really Instagrammable.
(この料理すごくインスタ映えするね)
» Instagrammable も「インスタ映え」同様最近できた造語です。

How many times a day do you post on Twitter?
(あなたはツイッターに1日に何回投稿するの？)
» post で「投稿する」

My friend posted a picture of me on social media without my permission.
(友達が私の許可なく私の写真をソーシャルメディアに投稿したの)

関連フレーズ集 # メールなどでよく使われる略語

ASAP （as soon as possible）「できるだけ早く」
Answer my phone ASAP!!!
» 早く電話出て！！！

AKA （also known as）「またの名を」
My girlfriend, aka Cinderella of the town, is very good at dancing.
» この町のシンデレラとして知られている僕の彼女はとてもダンスがうまいんだ。

FYI （for your information）「ご参考までに」
FYI, he is not my type.
» 参考までに言っておくけど、彼は私のタイプじゃない。

BTW （by the way）「ところで」
BTW, what happened to the sea turtle you were talking about the other day?
» ところでこないだ話してたウミガメどうなった？

OMG （oh my god）「どうしよう／びっくり」
OMG! What have you done to your hair?
» びっくり！ その髪どうしちゃったの？

LOL （laughing out loud）「（笑）」
Your fringe definitely has a problem, LOL.
» その前髪やばいって（笑）

TBH （to be honest）「正直」
TBH, it's far from okay.
» 正直、それ全然大丈夫じゃないわ。

XOXO （hugs and kisses）「好き好き大好き」
I love you xoxo!
» 大好きだよー！！！！！

Chapter 02

勉強

「この宿題は明日提出なんだ」
英語でなんて言う？

学校での会話

「私の担任の先生は小林先生です」
英語でなんて言う？

解説

> » **I have no choice.** は直訳すると「私には選択肢がありません」です。
> » **due tomorrow** で「明日期限がくる」≒「明日提出」

他の言い方　**I have to hand in this homework tomorrow.**

 勉強関連のフレーズ

I will concentrate on studying this week.
（今週は勉強に集中するぞ）

It's getting more and more difficult to keep up with the class.
（授業についていくのがどんどん難しくなってきている）

I'm not very good at memorizing.
（暗記はあまり得意ではない）

I didn't sleep well last night, so I dozed off in class this morning.
（昨夜あまり良く眠れなかったので今朝は授業中居眠りをしてしまった）
» doze off で「居眠りをする」

I'm good at taking notes, but I never get good grades.
（ノートをとるのは得意なのに僕の成績はいつも悪い）

 解説

> » **homeroom teacher** で「担任の先生」です。先生を呼ぶ時は名前
> に **Mr. / Mrs. / Miss / Ms.** を付けるのが一般的です。
> **strict** で「厳しい／厳格な」

学校での会話

Which grade are you in?
（あなたは何年生？）

I'm so excited that the summer vacation begins next week.
（来週から夏休みが始まるのが楽しみだなあ）

We have P.E. in the second period.
（2時間目は体育の授業だね）

A substitute teacher is coming today because Mr. Sasaki is not feeling well.
（佐々木先生の体調が良くないため、今日は代理の先生がいらっしゃいます）
» substitute で「代理の」

Did you study for the exam last night?
（昨夜はテスト勉強した？）

図解

学校に関わる英単語

School Life Vocabulary

Subjects（科目）

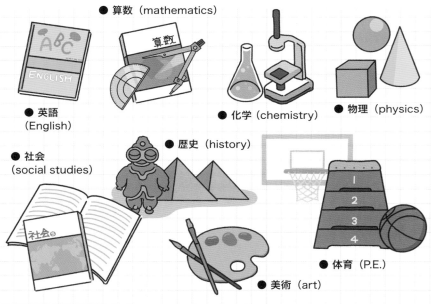

● 算数（mathematics）

● 英語（English）

● 化学（chemistry）

● 物理（physics）

● 社会（social studies）

● 歴史（history）

● 美術（art）

● 体育（P.E.）

● 図書室（library）

● 音楽室（music room）

● 保健室（infirmary）

● 校長先生
(principal)

● 担任の先生
(homeroom teacher)

● 休み時間 (recess)

● 黒板 / 白板 (board)

● 時間割 (class schedule)

時間割

● 生徒たち (students)

● 居眠り (dozing off)

ZZZ…

● 成績表
(report card)

成績表

● 通学カバン (school bag)

● 抜き打ちテスト (pop quiz)

Chapter 02

関連フレーズ集 授業に出てくるフレーズ

5 plus 7 equals 12, and 212 subtracted by 13 is 199.
》 5+7=12 で、212-13=199 です。

49 divided by 7 is 7, and 9 times one third equals 3.
》 49÷7=7 で、9×1/3=3 です。

Round decimals to whole numbers.
》 小数点以下は四捨五入しましょう。
round で「四捨五入する」、decimal で「小数点以下」、whole number で「整数」

I misspelled tomorrow as "tommorrow."
》 tomorrow（明日）を tommorrow とスペルを間違えてしまった。

My literature teacher told me to start a new paragraph here because the setting changes.
》 場面が変わるのでここで改行するように文学の先生に言われたよ。

Today we learned about static electricity in the science experiment.
》 今日は理科の実験で静電気について学んだ。
static electricity で「静電気」

The heart receives oxygen-poor blood from the veins and pumps it to the lungs.
》 心臓は酸素の少ない血液を静脈から受け取り、肺に送り出します。
vein で「静脈」、「動脈」は artery です。

The pyramid was built around 2500 B.C.
》 そのピラミッドは紀元前およそ 2500 年に建てられた。
B.C. で「紀元前」、Before Christ の略で年号の後に記載します。

Julius Caesar was a renowned general in ancient Rome.
》 ジュリアス・シーザーは古代ローマの名将だった。
renowned で「著名な／名声ある」

「単語、文法どちらから始めれば良い？」

どちらも大事なことは確かですが、実は、英語を話すためには中学3年間の範囲の英語をしっかりとやることが何よりも大切です。中学3年よりも2年、中学2年よりも1年の英語が大切です。

まずは中学1年生の単語、熟語、文法を完璧にしてみましょう。その後2年、3年と進めていきます。重要なのは**「完璧にしてから進む」**という点です！同じ学年内の範囲であれば、単語、文法どちらから進めても、もしくは同時進行でも問題ありません。

個人的な意見ですが、中学3年からいきなり英文法が難しくなります。この変化についていくためには中学2年までの範囲をしっかりと理解していることが不可欠です。

「試験で目標点が取れれば良い」
「会話さえできるようになれば読み書きはできなくても良い」

お一人お一人の目標によって重点的に勉強すべき点は異なりますが、どんな目標があるにせよ、まずは基礎力として中学英語の範囲をおさえておくと、その後の勉強に大きな差が出ます。
中学英語の範囲を理解したあとは、ご自分のなりたい姿に向かって突き進むのみです。
各 Chapter の最後に英語学習のヒントとなるコラムを書きました。参考にしていただけると嬉しいです。

「基礎的なリスニング力をつけるにはどうしたら良い？」→ p.125 へ
「スピーキング力をつけるにはどうしたら良い？」→ p.267 へ
「発音の勉強って大事なの？」→ p.327 へ

Chapter

03

Chapter 03

交友関係

友達を気遣ったり、ちょっとふざけてみたり、恋愛や噂話をしたりする時に使うフレーズをご紹介します。

今思い返すと、英語を上手に話せない私がインターナショナルスクールのクラスメートと仲良くなり始めたのは、本 Chapter にあるフレーズを使えるようになった頃でした。相手の言葉を聞き取るだけで精一杯の段階を経て、少しずつ会話を楽しめるようになってきた時期にこそ参考にしていただきたい表現が詰まっています。

Chapter の最後に口喧嘩のフレーズも載せています。喧嘩はなるべく避けたいですが、喧嘩ができるほどの英語力は多くの日本人が憧れるものではないでしょうか。

感謝する

「来てくれてありがとう」
英語でなんて言う？

感謝する

「あなたに借りができたわ」
英語でなんて言う？

Thank you for coming! I knew you would come...
（来てくれてありがとう！ 来てくれると思っていたわ…）

I brought a bottle of wine. Let's have a drink and you can tell me what happened.
（ワイン一本持ってきたよ。飲みましょう。何があったか聞いてあげるわ）

Why did you lie to Tom that you are good at cooking? Take my roast chicken and pretend that you made it.
（料理が得意だなんてどうしてトムに嘘をついたの？ 私のローストチキンを持っていって、自分が作ったことにして）

I owe you one!
（あなたに借りができたわ！）

解説

» ⊕ **Thank you for ~ ing.** で「〜してくれてありがとう」です。
» ⊕ **Thank you for ~（名詞）.** で「〜をありがとう」です。
　（例）**Thank you for the cookies.**（クッキーをありがとう）
» ⊤ **pretend** で「〜を装う／〜と見せかける」
» ⊤ **owe** で「借りがある」です。（例）**I owe you 1,000 yen.**（あなたに 1000 円借りているね）

💬 **感謝のフレーズ**

Thanks. / Thank you. / Thank you so（もしくは very）much.
（ありがとう）
It was very thoughtful of you.
（思いやりをありがとう）
I appreciate your help.
（手伝ってくれてありがとう）
You are the best.
（あなた最高）
I don't know what to say. / I can't thank you enough.
（なんとお礼を言っていいやら）
You made my day!
（あなたのおかげ！）
I couldn't have done it without you.
（あなたがいなかったら無理だった）

You are welcome. 以外の「どういたしまして」

It's my pleasure. / Any time. / By all means. / Glad to be of any assistance.
My pleasure. / No problem. / Not at all.
Forget it. / Don't mention it. / No worries.

» 言い方などにもよるので一概には言えませんが、1 段目は目上の人にも使える表現です。
　一番下の段は親しい間柄での方が使われます。

関連フレーズ集 どんどん使おう！ 褒めるフレーズ

I love your sense of humor. On a scale from 1 to 10, you're a 20.
≫ あなたのユーモアが大好き。十段階評価だったらあなたは20だよ。

sense of humor で「ユーモアのセンス」、on a scale from 1 to 10 で「十段階評価で」

How is it that you always look great, even in pajamas?
≫ パジャマ姿の時でさえ、どうしてあなたはいつも素敵なの？

pajamas「パジャマ」はアメリカ表記。イギリスでは pyjamas

You always say exactly what I need to hear.
≫ あなたはいつも私がまさに必要な言葉を言ってくれる。

You're one of a kind! Is there anything you can't do!?
≫ あなたは特別な人！ あなたにできないことってあるの！？

one of a kind で「唯一無二」

You help me be the best version of myself.
≫ あなたは私を最高の自分にしてくれるよ。

There's ordinary, and then there's you.
≫ 普通の人がいて、そしてあなたがいる。

意訳：世の中には2種類の人しかいない。あなたか、あなた以外か。

Your smile is infectious.
≫ あなたの笑顔は周りを幸せにするね。

infectious で「伝染する」

Thanks for being you! I'm so lucky to have you in my life.
≫ あなたがあなたでいてくれてありがとう！ あなたに出会えて私は本当に幸せだ。

You are a ray of sunshine. You light up the room.
≫ 君は太陽の光だ。君がいるとその場が明るくなるよ。

ふざける

「冗談だよー！」
英語でなんて言う？

気遣う

「気を悪くしないでほしいんだけど…」
英語でなんて言う？

解説

「冗談だよー」他の言い方

Just joking! / I'm kidding! / I'm joking!

冗談を言われた時の反応

Come on!（ちょっと！）

I didn't get it. Why is it so funny?（意味がわからなかった。なんでそんなに面白いの？）

Oh! I got it now.（あー！ やっとわかった）

That was a good one.（今の面白かった）

That's hilarious! I can't stop laughing!（面白すぎる！ 笑いが止まらない！）

» hilarious で「非常に面白い」

Your joke fell flat.（君のジョーク、ウケなかったね）

» fall flat で「（ジョークなどが）すべる」

Why do you always make me the butt of your jokes?
（なんでいつも私のことを笑いのネタにするの？）

» butt で「（冗談や非難などの）まと」

Stop making fun of him!（彼をからかうのはやめて！）

» make fun of ～で「～をからかう」

That's no laughing matter.（それ、笑い事じゃないから）

解説

» **offense** には「攻撃」という意味があります。

» **no offense** で「傷つけるつもりはない／気を悪くしないで」という
意味です。
相手をうっかり傷つけてしまったかもしれない失言の後に **No
offense.** と付け加えたりもします。

💬 気遣い・励ましのフレーズ

After you.（お先にどうぞ）

What can I do to help?（私にできることある？）

I don't mind. You can decide.（私は気にしないから、あなたが決めて）

You'll get through this.（あなたなら乗り切れる）

Just look on the bright side.（前向きに考えてみて）

Something better is around the corner.（もうすぐもっと良いことが起きるよ）

That must be hard.（それは辛いね）

Thank you for sharing with me. I'm glad you told me.
（話してくれてありがとう。嬉しいよ）

関連フレーズ集 # お詫びの言葉

Sorry. / My apologies. / Forgive me. / I owe you an apology.
》 ごめんなさい。

I'm sorry I ate all your cookies.
》 あなたのクッキーを全て食べてしまってごめんなさい。
謝りたい事柄は sorry の直後にこのようにつけましょう。

I don't know what to say...
》 なんと申し上げたら良いのか…
お礼とお詫び両方の前置きとして使えます。

I think you should apologize for being late.
》 あなたは遅れたことを謝るべきです。

I'm the one who should be apologizing.
》 謝らなければならないのは私の方です。
apologizing を thankful にすると「お礼を言うべきなのは私の方です」

It's my fault. I shouldn't have blamed you.
》 私の責任です。あなたを責めるべきではなかったわ。
blame で「責める／とがめる」

My mistake. I should have told you earlier.
》 私のミスです。もっと早く伝えるべきだった。

It wasn't intentional.
》 わざとじゃなかったんです。
intentional を on purpose に言い換えても同じ意味です。

I didn't mean to hurt your feelings.
》 あなたの心を傷つけるつもりはなかったの。

出会い

「二人はどうやって知り合ったの？」
英語でなんて言う？

Chapter 03

恋心

「胸がキュンとした」
英語でなんて言う？

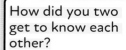

How did you two get to know each other?
（二人はどうやって知り合ったの？）

I got lost in the woods and was very hungry. And then Lisa, who was camping there, offered me a bowl of mushroom soup.
（僕が森の中で迷っていてとても空腹だったんだ。そしたらそこでキャンプをしていたリサが僕にきのこスープをくれたんだ）

My heart skipped a beat when he was cuddling the kitten!! I nearly died of cuteness overload. I mean... the cuteness of him not the cat... Oh, have I fallen in love?
（彼が子猫を抱きしめている時に胸がキュンとしたのよ！ 可愛すぎて死ぬかと思った。あ、彼の可愛さね、猫じゃなくて。あー、私は恋に落ちてしまったの？）

Relax.
（落ち着いて）

解説

» カップルの馴れ初めを聞く場合以外にも使えます。
How did you two first meet? / Tell me about the first time you met. などでもいいですね。

ナンパとそのかわし方

Are you seeing anyone?（付き合っている人いるの？）
Have we met before?（前にどこかで会ったっけ？）
I'll buy you a drink.（一杯おごらせて）
What would you say if I asked you to come over?（うちに来ない？って誘ったら君はなんて答える？）
I'm not interested.（興味ないです）
Leave me alone.（一人にしてくれる？）
Being around you is just like being around my younger brother!（あなたといるとなんだか弟といるみたいに感じる！）
It's been great talking to you. Bye!（話せて楽しかったです。それでは！）
My marriage has been arranged since I was little, so...（子供の頃からのいいなずけがいるんで、ちょっと…）

解説

» **the heart skips a beat** で「（恐怖や喜びで）どきっとする」
» **cuddle** は「抱きしめる」

片思い

I have a crush on him!（彼に夢中なの！）
» have a crush はまだそれほどよく知らない人に対して夢中になる時によく使います。
I really like her, but I don't think she feels the same for me.
（彼女のこと僕はすごく好きなんだけど、彼女は同じ気持ちではないと思う）
What should I do to make this one-sided love successful?
（この片思いを成功させるにはどうしたらいい？）
He's the one. / He's my destiny. / He's my soulmate. / He's the love of my life.（彼が私の運命の人だ）
I can't tell if he has real feelings for me or if he's just playing around.
（彼は私に本気なのか、ただの遊びなのかわからないんだ）
» I can't tell if ～で「～なのかどうかわからない」
I want to let this feeling go and move on.
（この想いを手放して前に進みたい）

関連フレーズ集　告白

How do you feel about me?
》 私のことどう思ってる？

What am I to you?（あなたにとって私は何？）などもおおよそ同じ問いですね。

Just want to make sure, will you be my girlfriend?
》 ちょっと確認しておきたいんだけど、僕の彼女になってくれる？

Are we in a relationship?
》 私たちって付き合っているのかな？

Do you want to go out with me?
》 私とデートしませんか？

go out with 〜で「〜とデートする」

I'm addicted to you.
》 あなたにどっぷりはまっています。

be addicted to 〜で「〜中毒だ」、I'm addicted to caffeine. で「カフェイン中毒です」

I love you to the moon and back.
》 めちゃくちゃ愛してる。

「月を往復する距離くらいすごく愛している」という意味です。

Imagining life without you is impossible.
》 君なしの人生は考えられない。

You mean the world to me.
》 あなたは私の全てだよ。

直訳すると「あなたは私にとって世界を意味している」。私の世界＝あなただよ、ということですね。

We were meant to be together.
》 僕たちは結ばれる運命なんだ。

According to this fortune-telling book, a woman who was born in December like you should plan a romantic date with a man also born in December! December happens to be my birthday month!

（この占いの本によると、君みたいな 12 月生まれの女性は同じく 12 月生まれの男性とロマンチックなデートの計画を立てた方がいいみたい！ たまたまなんだけど、僕 12 月生まれ！）

Why don't you just ask me out?

（普通にデートに誘えばいいんじゃない？）

What!? I'm confused! Why did you two break up?

（え！？ 意味がわからないよ！ なんで二人は別れたの？）

I also don't know. She dumped me.

（僕だってわからないよ。彼女にフラれたんだ）

解説

» **According to ～**で「～によると」、**happen to be ～**で「たまた ま～だ」、**ask ～ out** で「～をデートに誘う」

デート中の会話

To tell you the truth, I was thrilled when you asked me out.
（実はあなたがデートに誘ってくれた時すっごく嬉しかったんだ）
» to tell (you) the truth で「実は」、be thrilled で「ワクワクする、喜ぶ」

It's better for me if it's just the two of us.
（僕は二人きりの方が嬉しいな）
» just the two of us で「二人きり」

I'll drive you home.
（家まで車で送るよ）

How about taking a stroll at sunset? I know a place with a great view.
（夕陽を眺めながら散歩するのはどう？ 良い景色の場所を知っているんだ）
» take a stroll で「ぶらぶらと散歩をする」

 解説

» 「振る（別れを告げる）」は英語で **dump** です。「捨てる」という意味 もあります。
She left me. という言い方もあります。
» **be confused** で「混乱する」、**break up** で「別れる」

💬 **別れのフレーズ**

It's over.（もう終わりだね）
I don't deserve you.（僕には君はもったいないよ）
You said you wanted to marry me!（結婚したいって言ったじゃない！）
She cheated on me. She was two-timing me!
（彼女に浮気されたんだ。二股かけられていたんだ！）
» cheat on ～で「（浮気などをして）～を裏切る」、two-time で「二股をかける」
I think it's about time to end this relationship.
（そろそろこの関係を終わらせるべきだと思う）
There's no easy way to say this but... I just can't be with you anymore.
（これを言うのはとても辛いのだけど…もうあなたとは一緒にいられない）

図解 あなたの彼氏 / 彼女はどんな人？

What is your boyfriend/girlfriend like?

● がんばり屋（hardworking）　　● 仕切り屋（bossy）

● 面白い（funny）

● 嫉妬深い（jealous）

● 優しい（kind）　　　　　　　● 正直者（honest）

● 穏やか（calm）　● かしこい（clever）　● 話しかけやすい（affable）
（男性に使われることが多いです）

● 思いやりのある　● てきぱきした　● わがまま　● おしゃべり（chatty）
（sympathetic）　（organized）　（selfish）

● 金髪 (blond)

● 赤毛 (red hair)

● 巻き毛 (curly hair)

● ウェーブ髪 (wavy hair)

● 青い目 (blue eyes)

● 細い (thin)

● 背が低い (short)

● 背が高い (tall)

● 筋肉がたくましい (muscular)

● ぽっちゃり (chubby)

● 猫背 (stooped)

● 普通の見た目 (ordinary-looking)

● 豊かな胸とくびれのある腰 (curvy)

● 内股 (pigeon-toed)

● 綺麗 / かっこいい (good-looking)

● 美しい (beautiful)

● 色っぽい (hot)

● 魅力的 (attractive)

Chapter 03

115

関連フレーズ集 **英語で恋愛相談**

Do you want to know if your boyfriend takes you seriously? Well, here's the thing.
》 彼氏があなたに本気かどうか知りたい？ あら、教えてあげるわね。

Behavior doesn't lie. If he says he loves you, but his actions indicate otherwise, trust his behavior.
》 行動は嘘をつかないわ。あなたを愛していると言いながら彼の行動がそうでないことを示している場合は、行動の方を信頼して。

otherwise は「さもないと」の意味が有名ですがこのように「別なふうに／そうでないように」という意味もあります。

Does he ever unburden his worries to you?
》 彼はあなたに心配ごとを打ち明けたりする？

unburden A to B で「B に A を打ち明ける」です。

He never confides in me... He tells me that I'm pretty, and he likes me... But I don't know what he feels about me deep inside his heart.
》 私に秘密を打ち明けてくれたりはしないな。かわいいね、とか好きだよとかは言ってくれるけど、彼が心の底で私のことをどう思っているのかわからないな。

confide in ～で「～を信頼して秘密を打ち明ける」

To tell the truth, there's another guy who seems to be crazy about me. He places my happiness above everything.
》 実はね、たぶん私に夢中なんだろうなっていう男性がいるの。その人は私が幸せになるためならなんでもしてくれるのよ。

place A above B で「B よりも A を優先する」です。

I once told him that I loved bread. Then he started growing wheat in the field to make flour. He promised me to bake bread with it.
》 パンが好きだって彼に言ったことがあったのね。そうしたら彼、小麦粉を作るために畑で小麦を育て始めたの。その小麦粉でパン焼いてくれるんだって。

Maybe I should go out with him. I deserve more happiness.
》 彼とデートしてみようかな。私はもっと幸せになるべきだわ。

友達の噂話

「噂によると…」
英語でなんて言う？

芸能ゴシップ

「できちゃった結婚」
英語でなんて言う？

Do you know anything about the new guy?
（新しく来たあの男性について何か知ってる？）

Rumor has it that he is a great pianist! He has even played at Carnegie Hall!
（噂によるとすごいピアニストみたいだよ！ カーネギーホールでも弾いたことがあるんだって！）

My bias had a shotgun marriage! Let's drink to ease the pain...
（私の推しができちゃった結婚だって。ヤケ酒しよう…）

Come on! Maybe it's a good chance for you to stop being a geek and start a fulfilling life!
（まあまあ！ オタクを卒業して充実した生活を始めるいい機会かもしれないじゃない！）

» 他にも、
There is a rumor that...
Rumor says that... などの言い回しがあります。

💬 内緒の話で使うフレーズ

Let's keep it a secret.（秘密にしよう）
What I'm about to tell you is just between us.
（これから言うことは私たちだけの秘密ね）
Who spilled the beans about the announcement?
（例の発表のこと誰がばらしたの？）
» spill the beans で「秘密をばらす」
We were supposed to keep the party a secret, but Tom let the cat out of the bag.（サプライズパーティーにするつもりだったのに、トムが口をすべらせちゃったのよ）
» let the cat out of the bag で「（うっかり）秘密を漏らす」
This information is confidential at the moment.
（この情報は現段階では機密扱いです）

» **bias** でいわゆる「推し」の意味です。**KPOP** で主に使われます。
» 「できちゃった結婚」=**shotgun marriage** が出てこなくても **get married because the bride is pregnant** で OK です。

💬 ゴシップ系フレーズ

The actor's alleged lover is called Nancy.
（その俳優の愛人だと疑われている女性の名前はナンシーです）
» alleged 〜で「〜だと言われている人物（もの／こと）」、（例）the alleged victim（犠牲者とされる人物）
I'm shocked to hear that my favorite singer was arrested for domestic violence.（私の好きな歌手が家庭内暴力で逮捕されたなんてショックだな）
» be arrested for 〜で「〜で逮捕される」
He is 25 years younger than her! He must have married her for her money!
（彼って25歳も年下じゃない！ 彼女のお金目当てで結婚したに違いないよ！）
He overdosed on cocaine and got arrested.
（彼はコカインの過剰摂取で逮捕された）
» overdose で「過剰摂取する」

関連フレーズ集　噂話で使うフレーズ

Speak of the devil, here she comes!
>> 噂をすれば影よ。彼女が来たわ！
speak of the devil で「噂をすれば影」

How do you know all that?
>> どうやってそんなことまで知ったんですか？

I know it's a catchy story, but I don't want to be one of the people who spread the rumor.
>> 確かにウケそうな話だよね。でもその噂を広める人に私はなりたくないな。

Be careful. That man is a big mouth and gossipy.
>> 気をつけて。あの人は口が軽いし噂好きだよ。
big mouth で「口が軽い人」、gossipy で「噂好き」

Is it true? On what grounds?
>> それ本当？ 何を根拠に？
grounds で「根拠」、groundless で「根拠がない」です。

People say they got back together, but it's just a rumor.
>> 彼らがよりを戻したって言われているけど、ただの噂だからね。

The rumor is spreading around the city. What can I do to stop it?
>> あの噂が町中に広まっている。止めるにはどうしたらいい？

A little bird told me that you are leaving Tokyo. Are you?
>> 風の噂で聞いたのだけど、東京から引っ越すんだって？
a little bird told me で「風の噂で聞いた」、話の出どころをあいまいにする時に使います。

Rumors spread like wildfire.
>> 噂話はすぐにひろまる。
spread like wildfire で「（森林火災のように）パッと広がる」

悪口

「ディスる」
英語でなんて言う？

愚痴

「文句を言う」
英語でなんて言う？

They criticized my blog post, but I'm not going to dis them. Everyone deserves to have different opinions, and diversity is what makes the world interesting.

（僕のブログ記事を批判されたからって、彼らをディスることはしないよ。誰もが違う意見を持っていて当然だし、多様性が世界を面白くするんだから）

You're acting tough! It's okay to whine.

（強がってるな！　泣き言を言っても良いんだよ）

Will you please stop grumbling and be more grateful? I know you are not quite satisfied with a salted rice ball for breakfast, but rice is a good source of fiber.

（文句言ってないで感謝の気持ちを持ってくれない？　朝ごはんに塩おにぎり一つでは物足りないでしょうけど、お米は食物繊維が豊富なのよ）

Why are you eating pancakes then?

（ならなんで君はパンケーキを食べてるの？）

解説

» 「ディスる」は英語でも **dis** ですが、日本語同様スラングです。ビジネスなどでの使用は控えた方がいいでしょう。
他には **criticize**（批判する）、**speak ill of 〜**（〜を悪く言う）、**insult**（〜を侮辱する）などが使えます。

 悪口フレーズ

You are such a loser.（あなたって本当にさえない人だね）
» loser は「敗者」という意味もありますが、具体的な勝敗がない場面でも「さえない人／うだつのあがらない人」として使われます。

That was very mean.（今のはひどいよ）
» mean で「意地悪な」

You are an idiot / a fool / a moron!（あなたバカね！）

Right back at you.（その言葉、そっくりそのまま返すよ）
» Same to you! でも良いですね。

Look who's talking!（君に言われたくない！）

解説

» **grumble** で「文句を言う」、他に **complain** や **moan** という動詞もあります。

愚痴フレーズ

My wife is in a bad mood. I don't want to go home.
（妻の機嫌が悪いんだ。家に帰りたくない）
» be in a bad / good mood で「機嫌が悪い／良い」

I hate smokers. Second-hand smoke is so harmful to our health.
（タバコ吸う人って大っ嫌い。受動喫煙は本当に健康に悪いんだから）

Lucky me... It's another bad-hair day...
（ツイてるよな、また今日も髪型が決まらないぜ…）
» lucky me は「私ってラッキー！」という意味ですが明らかに不運な時に皮肉として言ったりもします。

Chapter 03

関連フレーズ集　口喧嘩フレーズ

It's none of your business how many pork buns I eat a day!
》 私が1日に何個の肉まんを食べようとあなたには関係ないでしょう!
It's none of your business. で「あなたには関係ない／余計なお世話だ」

It is a big deal for me! If you can't reduce your weight, I'm the one who has to run errands as a penalty.
》 めちゃくちゃ関係あるよ! 君が減量できなかったら、罰ゲームとして僕がぱしられるんだから。
It's no big deal. で「大したことないよ」、It's a big deal. はその正反対の意味です。

Get me calorie-free pork buns then!
》 じゃあゼロカロリーの肉まんをちょうだいよ!

How could you flirt with Lisa right in front of me?
》 よくも私の目の前でリサといちゃついてくれたわね。
flirt with ～で「～といちゃつく」

That's a false accusation. I was smiling because she offered me marshmallows.
》 それは言いがかりだよ。マシュマロをくれるって言うから微笑んでいただけだよ。
a false accusation で「不当な言いがかり」

He's right! You know how addicted he is to marshmallows, don't you?
》 そうだよ! この人がマシュマロに目がないってこと知ってるでしょ?

Why did you give wine to my vegetables in the planter?
》 僕のプランターの野菜にどうしてワインをかけたわけ?

That's because you intentionally poured water on my laptop!
》 あなたが私のラップトップにわざと水をかけたからでしょう!
intentionally で「わざと」

「基礎的なリスニング力をつけるにはどうしたら良い?」

リスニングが上手くなりたい、英語が聞き取れない、というお悩み相談をよく受けます。
英語が聞き取れない原因で一番多いのはこの2点です。

「単語力、文法力が足りない」

まず、読んでもわからない文章は聞いてもわからないということです。**Do you have a broom?** と聞かれても **broom** という単語の意味を知らなければ「ブルームって何?」と混乱している間に会話が進んでしまいます(ちなみに broom は「ほうき」です)。
また、基礎的な単語力と文法力があると、次にどんな言葉が来るのかをある程度予測することができるようになります。次は名詞が来る、次は動詞が来る、などの予測があるのとないのとではリスニング力に大きな差が出てきます。単語力、文法力を身につけることでリスニング力が底上げされるのです。

「単語の『音』を知らない」

日本の学校ではネイティブの英語の音に触れる機会が少ないため、知っている単語であっても音だけを聞くと理解できないことがあります。例えば、学校では water を「ウォーター」と習いますが、多くのアメリカ人は「ワラー」に近い音で発音します。音声付きの単語帳などで実際の文字と音声をセットにして覚えていくのが効率的ですが、楽しくやりたければ好きな映画のセリフをひたすら真似していくというのも良いですね。英語の自然な言い回しも身について一石二鳥です。

さらにリスニング力をつけていくための方法は次の Chapter のコラム(p.185)でお伝えします。

Chapter

04

Chapter 04

オフタイム

様々な余暇の過ごし方についてのフレーズをご紹介しています。

スポーツ、音楽、ファッション、美容、飲み会に習い事……。ご自身の関心や趣味に合わせて、好きなページから読んでみてください。英会話教室の前に話したいことを決めて、該当ページのフレーズを使ってみるのも上達への近道です。

ちょっと硬い表現が多くなりますが、政治経済を語るフレーズもご紹介しています。熱弁する必要はないかもしれませんが、日本の政治経済について自分の意見を少しでも言えるようにしておくと、外国の方との会話で意外と役に立ちます。

個人競技

団体競技

129

I'm in a slump. I can't hit the ball out of this bunker...

（スランプだ。バンカーからボールが出せない…）

Relax. It's no different than being on a beach. They look exactly alike, right?

（リラックスして。浜辺にいるのと何も変わらないよ。見た目もそっくりでしょ？）

Hey! This is basketball. You have to bounce the ball on the floor as you run!

（ちょっと！ これはバスケだよ。走りながら床にボールをバウンドさせなきゃ！）

I got it mixed up with rugby!

（ラグビーと混同しちゃった！）

04-03, 04-04

> **It's no different than ～** で「～と何も変わらない」、**exactly alike** で「そっくり」

解説

 個人競技のフレーズ

Thanks to the experienced caddie, I birdied the 11th hole.
（ベテランキャディーさんのおかげで 11 番ホールはバーディーをとったよ）
I'm not sure if I can complete a triathlon.
（トライアスロンを完走できるかわからない）
I have muscle pain in my legs.
（脚が筋肉痛）
» My legs are sore. とも言います。
I missed last year's World Athletics Championships due to injury.
（怪我のせいで去年の世界陸上競技選手権大会に出場できなかった）
» injury で「怪我」

解説

> **bounce** で「バウンドさせる／する」です。**bound** にも「（ボールなどが）跳ね上がる」という意味がありますが、**bounce** の方がよく使われます。

 団体競技のフレーズ

Our training camp is like military training. We swing the bat 200 times a night.
（僕たちのトレーニング合宿は軍事訓練のようです。毎晩 200 回バットを素振りします）
We have little time left to practice as a team.
（チームで練習する時間はあと少ししか残っていません）
What do you think it takes to build a successful, winning organization?
（成功して勝つ組織を作るためには何が必要だと思いますか？）
» it takes A to ～で「～するのに A を必要とする」
The game ended in a draw, with each team having scored none.
（試合は各チーム無得点のまま引き分けに終わった）
If it wasn't for you, we wouldn't have won the championship.
（君がいなければ優勝できなかったよ）

131

関連フレーズ集　コーチのフレーズ

Try again. It'll get easy once you get the knack of it.
» もう一度やってみて。一度コツをつかめば簡単になるから。
get the knack of 〜で「〜のコツをつかむ」

You should set your own goals and not be swayed by what other people say.
» 他の人の言うことに振り回されず、自分で目標を設定しよう。
be swayed by 〜で「〜に左右される」

Analyzing your opponents is just as important as your daily training.
» 対戦相手を分析することは日々の訓練と同じくらい重要だ。
analyze で「分析する」

Try harder. You can do it!
» もっとがんばれ。君ならできる！

A lot of people expect you to be a big home-run star.
» 君が偉大なホームラン王になることを大勢の人が期待している。

We are now up to 7th in the prefecture. Let's climb higher.
» 我々は県内 7 位まで上がってきた。もっと上を目指そう。
prefecture で「県（もしくは都道府のいずれか）」

The tournament you are training for is a year away, so you will have to enjoy the process of training.
» 目標にしている大会は一年先のことなので、トレーニングの過程を楽しまなければなりません。
a year away で「一年先」、the process of 〜で「〜の過程」

Let mistakes go and focus on the next thing.
» ミスは忘れて、次のことに集中しよう。

You are the one limiting yourself.
» 自分を制限しているのは自分自身だ。

スポーツ観戦

サッカー観戦。「その調子だ！」
英語でなんて言う？

世界大会

「世界記録」
英語でなんて言う？

解説

Go for it! / Hang in there! / Go! Go!
（がんばれ！）
Almost! / That was close!
（惜しい！）
He has great ball-control and passing abilities.
（あの選手のボールコントロールとパス能力すごいな）
He just fell over deliberately in order to deceive the referee into awarding a free kick.
（レフェリーを欺いてフリーキックを得るために今わざと転倒したぞ）
》 deliberately で「わざと」、deceive A into ～ ing で「A を騙して～させる」
The umpire's call was so unfair!
（審判のあのコールはあまりに不公平だよ！）
》 サッカー、バレーボールなどの審判を referee、野球などの審判を umpire と言います。
That was a foul for sure.
（あれは確実にファウルだった）

Chapter 04

解説

》 **wrist** で「手首」、「世界記録を破る」は **break the world record** です。

In the 2014 US Open, Nishikori defeated Novak in the semi-final and lost to Marin in the final to finish as runner-up.
（2014 年の全米オープンで錦織は準決勝でノバクを破り、決勝でマリンに敗れて準優勝した）
》 defeat で「打ち負かす」、runner-up で「準優勝者」、複数形は runners-up
He announced that he is going to play in the major leagues.
（彼はメジャーリーグでプレーすることを発表した）
I'm so glad that my medal serves to inspire kids in Japan to want to become athletes when they grow up.
（私のメダルによって大人になったらアスリートになりたいという気持ちを日本の子供たちが持ってくれることをとても嬉しく思っています）
》 inspire A to ～で「A を奮起させて～させる」

関連フレーズ集 スポーツ選手の名言

Success is no accident. It is hard work, perseverance, learning, studying, sacrifice and most of all, love of what you are doing or learning to do. - Pelé

>> 成功は偶然の出来事ではない。勤勉、忍耐、学習、研究、犠牲、そして何よりも自分が取り組んでいることへの愛情が必要である。（ペレ）

perseverance で「忍耐」

If you quit once it becomes a habit. Never quit! - Michael Jordan

>> 一度諦めるとそれはくせになる。絶対に諦めるな！（マイケル・ジョーダン）

become a habit で「習慣になる」、make it a habit で「習慣にする」

Skill is only developed by hours and hours of work. - Usain Bolt

>> 技術は長時間の練習によってのみ磨かれる。（ウサイン・ボルト）

hours and hours of ~ で「何時間もの~」

It's surely because I'm good-looking, rich and a great footballer.
- Cristiano Ronaldo

>> 自分が男前で金持ちで、偉大なサッカー選手だからに違いない。（クリスティアーノ・ロナウド）

試合中に観客席からブーイングされた理由を問われた時の一言です。

Float like a butterfly, sting like a bee. - Muhammad Ali

>> 蝶のように舞い、蜂のように刺す。（モハメド・アリ）

Every strike brings me closer to the next home run. - Babe Ruth

>> ストライクを取られるたび、次のホームランに近づく。（ベーブ・ルース）

It took me 17 years and 114 days to become an overnight success. - Lionel Messi

>> 一夜の成功を収めるのに 17 年と 114 日もかかったよ。（リオネル・メッシ）

Don't be like most people. Most people give up on their dreams.
- David Beckham

>> 普通の人のようにならないでください。普通の人は夢を諦めてしまう。（デイビッド・ベッカム）

give up on ~ で「~に見切りをつける」

好み

「レゲエは好みじゃないな」
英語でなんて言う？

演奏する

「ピアノに合わせて歌う」
英語でなんて言う？

音楽を聞く 解説

What's your favorite genre of music?（どんな音楽が好きですか？）
≫ genre で「ジャンル」、シンプルに What kind of music do you like? でもいいです。

Usually I listen to classical music, jazz, blues and country music.
（クラシック、ジャズ、ブルース、カントリーミュージックを普段は聴きます）

I much prefer Mozart to Beethoven.
（ベートーベンよりモーツァルトの方がずっと好き）

Can you play it once again? I adore this song.
（もう一度再生してくれる？ この歌大好き）
≫ adore で「とても好き」

I like listening to upbeat music while cleaning.
（掃除をする時は楽しく明るい音楽を聞くのが好き）

Can you turn the volume down a little bit?
（少し音量を下げてくれる？）

How about we stop shuffle playing? I prefer listening to it in the original order.
（シャッフル再生やめるのはどうかな？ 元々の順番で聴く方が好きだな）
≫ How about we ～?「私たち～するのはどうかな？」、shuffle play で「シャッフル再生する」

  解説

≫ **for the first time in three years** で「３年ぶり」

演奏する・歌う

Play the guitar for me.（あなたのギターの演奏を聴かせて）

You sing well! You sound professional. Do you take voice lessons?
（歌うまいね！ プロみたい。ボイストレーニング受けてるの？）

I know a lot of round songs that kids can enjoy.
（子供が楽しめる輪唱の歌をたくさん知っています）
≫ round song で「輪唱の歌」

First of all, you've got to tune the violin.
（まずはそのバイオリンをチューニングしなきゃね）

Dynamics are very important if you want to express emotion when playing the piano.（ピアノを弾く時に感情を表現したい場合、強弱の変化はとても重要です）

After three and a half hours of karaoke, I have a sore throat.
（３時間半カラオケをして喉が痛い）
≫ three and a half hours で「３時間半」

関連フレーズ集 音楽を語る

I have no idea how the music streaming business works today.
≫ 今日の音楽ストリーミングビジネスがどうなっているのか全くわからない。

have no idea で「全然わからない」

I'm so moved by the lyrics.
≫ 歌詞にとても感動した。

be moved by ～で「～に感動する」

The song was a big hit last year.
≫ その歌は去年大ヒットしたね。

I keep telling my dad that CDs are obsolete, but he won't listen to me.
≫ 父親に CD は時代遅れだと言い続けているんだけど、聞いてくれない。

obsolete で「時代遅れ」

We call the most memorable and melodious part of a song "sabi" in Japanese.
≫ 歌の中で最も印象に残る、旋律的な部分を日本語では「サビ」と呼んでいます。

The band released their debut album in 2010.
≫ そのバンドは 2010 年にデビューアルバムをリリースしました。

Their fourth album topped the chart for eight consecutive weeks.
≫ 彼らの 4 枚目のアルバムは 8 週連続でチャートのトップを獲得しました。

I happened to hear this band on the radio and fell in love with them.
≫ ラジオでたまたま聞いてこのバンドが好きになりました。

happen to ～で「たまたま～する」

I'm a big fan of Taylor Swift.
≫ テイラー・スウィフトの大ファンです。

a big fan of ～で「～の大ファン」

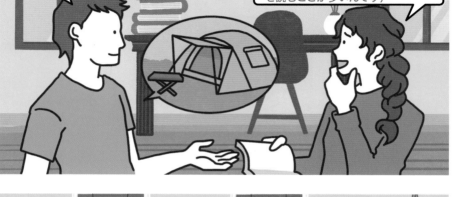

I recently purchased a new tent that is spacious and comfortable. You can come over to my new castle if you like.

（先日、広々として快適なテントを新しく買ったんだ。良ければ僕の新しい城に遊びにこない？）

I'm more of an indoor kind of person. I often stay home and read books even on sunny days.

（私はどちらかというとインドア派なので。晴れた日でも家にこもって本を読むことが多いんです）

Finally! My scuba diving trip is this weekend! I feel excited just thinking about it.

（やっと！ 今週末はスキューバ旅行だ！考えただけでワクワクする）

You had a scary encounter with a shark last time. Aren't you terrified diving into the ocean again?

（前回サメと遭遇して怖い目にあったのに。また海にもぐるの怖くないの？）

解説

» **recently** で「このあいだ、最近」、**spacious** で「広々とした」
» **indoor kind of person** で「インドア派」

💬 インドア派のフレーズ

Hand embroidery is a cheap hobby with low cost of entry.
(手刺繍は始めるのにあまりお金がかからない安上がりな趣味です)
» **embroidery** で「刺繍」

If you are good at sewing, you can even customize your clothes.
(もしお裁縫が得意だったら、自分の洋服をカスタマイズすることだってできるんです)

Playing the violin is something I sincerely enjoy in my spare time.
(余暇にバイオリンを演奏することを私は心から楽しんでいます)

My dream is to play a piano duet with my daughter.
(娘とピアノで連弾するのが夢です)

I started learning Spanish at the age of 33. Now I can speak the language quite fluently.
(私は 33 歳でスペイン語を学び始めました。今ではかなり流暢に話せるようになりました)

💬 アウトドア派のフレーズ

解説

The crackling sound of the bonfire is so relaxing!
(焚き火のパチパチとした音にはとても癒されます！)
» **bonfire** で「焚き火」

I take great pleasure in having chats with other campers.
(他のキャンパーさんたちとのおしゃべりがとても楽しいです)

I am a fishing gear addict. Just thinking about buying new gear has a stress-relieving effect on me.
(私は釣り具が熱狂的に好きです。新しい道具を買おうかと考えただけでストレス発散になります)

If you are taking your first steps in windsurfing, go to a spot with flat water and light, constant wind.
(ウィンドサーフィンに初めて挑戦するなら、海面が平らで風が軽く一定している場所に行きましょう)

When you train for a marathon, you can also improve your stamina.
(マラソンのトレーニングをすると、スタミナもつきますよ)

Age only represents the number of years you have been alive. It's never too late to start a new sport.
(年齢は生きてきた年数を表しているに過ぎません。なにか新しいスポーツを始めるのに遅すぎるということはありません)

Chapter 04

関連フレーズ集 あなたの趣味について語ってみよう！

I'm crazy about golf! Do you want me to tell you my hole-in-one story?
》 ゴルフにハマってます！ 僕がホールインワンした話聞きたいですか？
be crazy about 〜で「〜に夢中である」

I take an online English lesson every single day.
》 毎日欠かさずオンラインの英語のレッスンを受けています。
every day を every single day と言うことで「毎日」が強調されます。

I love looking at myself in the mirror posing like a professional bodybuilder.
》 プロのボディビルダーみたいにポーズしている自分の姿を鏡で見るのが大好きなんだ。

Once you ride a wave, you can't stop surfing!
》 一度波に乗ったら君はもうサーフィンをやめられないはずだよ！

I release stress by baking pies. Apple pie is my specialty.
》 私はパイを焼いてストレス発散します。アップルパイが得意です。

Wiping up the floor with a wet towel refreshes my mind.
》 濡れ雑巾で床を拭くと気持ちがすっきりするんです。

How much do I love cats? Oh, you have no idea!
》 私がどれくらい猫を好きかですって？ まあ、あなたには想像もできないほどよ！
You have no idea. で「あなたにはわかる（想像できる）はずがない」

I'm very particular about movies.
》 映画については強いこだわりがあるんです。
be particular about 〜で「〜にこだわる／うるさい」

I need to water the flowers in this beautiful garden. I can't be away for longer than a week.
》 この美しい庭の花に水をやらなければならないので、一週間より長くは家を空けられません。

服装にコメントする

「私たち、洋服の好みが似ているね！」
英語でなんて言う？

流行に乗る

「流行遅れ」
英語でなんて言う？

I love your dress! Is it new?
（そのワンピース素敵！ 新しいの？）

Yes. I was going to say the same thing to you! I love your dress, too. We have similar taste in fashion!

（ええ。同じことを言おうと思っていたのよ！ そのワンピースも素敵。私たち、洋服の好みが似ているね！）

Look what I found in my mom's closet! It's the "Bubble Era" fashion from the 1980s.

（母のクローゼットから見つけたの！ ８０年代のバブル時代のファッション）

It's supposed to be way out of fashion, but somehow, it looks rather fashionable.

（相当流行遅れなはずなんだけど、 なんだかむしろおしゃれに見える）

解説

» 好みや趣向が似ている時は **have similar taste** というフレーズを使います。

» **We have similar taste in reading!**（私たち本の好みが似ているよね！）など様々なジャンルに使えます。

服装へのコメント

You look great. / You look amazing.（今日のあなた素敵だね）

You will look totally out of place with this suit.（このスーツじゃ完全に浮くよ）

» be out of place で「場違いである／浮いている」

You look thinner than you actually are.（実際よりもやせて見えるね）

» 日本語でも同様ですが相手によっては失礼になるので気をつけてください。

I love every single thing you are wearing right now.（あなたが今身につけている全てのものが好き）

» everything ではなく every single thing と言うと意味が強調されます。

I would have never thought to pair that T-shirt and skirt together, but they look great!（そのTシャツとスカートの組み合わせは私なら思いつきもしないけど、すごくいいね！）

The pink looks incredible on you.（そのピンク、とてもあなたに似合ってる）

 解説

» **out of fashion** で「流行遅れ」、例文では **way** を手前に使うことでその意味を強調しています。**the 1980s** で「1980年代」です。

ファッションの流行を語る

Sometimes you need to buck the fashion trend in order to stay ahead of it.
（時には流行の先取りをするために流行に逆らう必要がある）

» buck で「抵抗する」

One of my fashion-conscious friends told me that this skirt is unfashionable.
（このスカートは流行遅れだと流行りに敏感な友達に言われた）

When I was in high school, I was desperate to keep up with the latest fashion.
（高校生の頃私は最新の流行を追うのに必死だった）

» the latest fashion で「最新の流行」

Green is the color of the season.
（今季は緑がくる）

Low-heel mules are now in fashion.
（ヒールの低いミュールが流行している）

Chapter 04

図解

1950年代から1980年代にかけての 流行ファッション

Fashion Trends from the 1950s to the 1980s

the 1950s

1950 年代（the 1950s）

● パッドなし（unpadded）

● くびれたウエストライン（closely-defined waistline）
● サーキュラースカートのワンピース（circle dress）
● 手首までの長さの手袋（wrist length gloves）

● オードリー・ヘップバーン主演の『ローマの休日』
（*Roman Holiday* starring Audrey Hepburn
（1953））

1960 年代（the 1960s）

● つば広帽子
（floppy hat）

● 大ぶりイヤリング
（large earrings）

● シフトドレス（shift dress）

● 短いスカート丈（raised hemline）
● カラータイツ（colored tights）
● ツイッギーの流行
（breakout of Twiggy）
● ツイッギーメイク
（Twiggy makeup）

● 明るい色
（bright colors）

the 1960s

the 1970s

1970 年代 (the 1970s)

- ● ヘッドスカーフ（headscarf）
- ● タイトなトップス
（tight tops）
- ● ベルボトムジーンズ
（bell-bottom jeans）
- ● カラフルなハイライズパンツ
（colored high-rise pants）
- ● ヒッピーファッション
（hippie fashion）

1980 年代 (the 1980s)

- ● ヒップホップファッション
（hip-hop fashion）
- ● だぶだぶのシルエット
（baggy silhouette）
- ● スポーティーなデザイン
（athletic details）
- ● 派手な色
（bright colors）
- ● 大きな肩パッドの入ったパワースーツ
（power suits with big shoulder pads）
- ● 色の濃いアイシャドウ
（eyeshadow in intense colors）
- ● ヘアスプレーをたくさん使ったボリュームヘア
（full-volume hair with a lot of hairspray）
- ● 明るいチークとくっきりしたリップ
（bright blush and bold lipsticks）

the 1980s

Chapter 04

149

図解

様々なヘアスタイル

Different Kinds of Hairstyles

● 角刈り（flattop）

● 坊主頭
(shaved head)

● コーンロウ（cornrows）

● ドレッド（dreads）

● アシンメトリーヘア
(asymmetrical haircut)

● おだんご（bun）

● 肩の長さ（shoulder-length）

● ボブ（bob）

● ポニーテール（ponytail）

● 編み込み（French braid）

● シニヨン（chignon）

● 三つ編み（braids）

● ツインテール（pigtails）

Chapter 04

関連フレーズ集 **もっとあります！ ファッション用語**

This exact color is no longer available, but it was recently released in black.
》 全く同じ色のものはもう売られてないのだけど、最近黒の ものが出ましたよ。

This blazer is luxe-looking despite the fact that it's faux leather.
》 フェイクレザーなのにこのブレザーには高級感があります。
faux leather で「フェイクレザー」

I wore these jeans countless times this year.
》 今年、このジーンズを数え切れないほどはきました。

This patent leather bag is expensive, but it's worth it if you plan to use it for years to come.
》 このエナメル革のバッグは高額ですが、あなたが今後何年も愛用する予定ならば価値があ りますよ。

These cowboy boots would look so good with skinny jeans. They are 30% off now!
》 このカウボーイブーツはスキニージーンズととてもよく合いそうです。今なら30%オフですよ!

I tried on the Panama hat, but unfortunately, it was oversized.
》 このパナマハットを試着してみたのですが、残念なことに大きすぎました。
try on で「試着する」、oversized で「大きすぎる」

This bag is sold exclusively in Tokyo.
》 このバッグは東京の限定発売です。
exclusively で「〜に限って」

The coat is both functional and fashionable.
》 このコートは実用的だしお洒落ですね。

The dress looks way more expensive than its price tag.
》 このワンピースは実際の値段よりも遥かに高級に見えます。

> I want to slim down my waist and wear the bikini I used to wear as a teenager.
> （ウエストを細くして、10代の頃のビキニを着たい）

> That is a great fitness goal! You'll have to work out really hard, though!
> （それは素晴らしいダイエット目標です！相当ハードなトレーニングをしないといけませんけどね！）

> I eat until I'm moderately full. I try not to overeat to maintain my health.
> （腹八分までにするわ。健康のために食べすぎないようにしているの）

> That's a wise policy, but what you eat is also important...
> （それは良い心がけだね。でも何を食べるかも大事なんだよ…）

» **slim down** で「細くする／しぼる」です。今回は動詞として使っていますが日本語の「スリム」のように **slim** を形容詞で使うこともできます。
» **work out** で「運動する／トレーニングする」です。

 ダイエットのフレーズ

You shouldn't eat between meals if you want to lose weight.
(減量したいなら間食すべきではないよ)
Thanks to the diet app, I managed to reduce my weight by four kilograms.
(ダイエットアプリのおかげで4キロ減量することができた)
Skipping breakfast is one of the common diet mistakes.
(朝食を抜くのはダイエットにおけるよくある間違いですね)
Try to build healthy eating habits such as eating a variety of vegetables at each meal. (毎食様々な野菜を摂るなど健康な食習慣を身につけましょう)
I've been on a low-carb diet for two weeks.
(低炭水化物ダイエットを始めて2週間になります)

» 「健康のために」は他にも **to stay healthy**、**for my health**、**to stay fit** などと言います。**fit** は運動をしていて調子が良い状態を指します。**moderately** で「控えめに／適度に」、**wise policy** で「良い心がけ」です。

 健康の赤信号フレーズ

Due to the results of my checkup, I had to go back for a complete physical exam. (健康診断の結果のせいで精密検査を受けなければならなかった)
» checkup で「健康診断」、complete physical exam で「精密検査」
My ears are ringing. (耳鳴りがする)
I am gaining weight for lack of exercise. (運動不足で太ってきている)
» for lack of ~で「~不足で」
I've tried a lot of things, but I still can't relieve tight muscles in my shoulders.
(色々試したけれど肩こりが解消しない)
I've been suffering from chronic headaches. (慢性的な頭痛を患っている)
» chronic で「慢性的な」

関連フレーズ集 **健康のための習慣**

I'm in the habit of walking to my office every morning.
》 毎朝会社まで歩くことが習慣になっています。
be in the habit of ～ing で「～するのが習慣になっている」

I take a walk with my mother regularly after dinner.
》 夕食後、定期的に母と散歩をしています。

I cut back on fast food and store-bought snacks.
》 ファーストフードと市販のスナックを減らしています。
cut back on ～で「～を減らす」

I'm determined to walk 10,000 steps a day.
》 毎日1万歩歩くと決めています。

I go to bed before midnight every night because I once read that staying up late is harmful.
》 夜更かしは害だと読んだことがあるので、毎晩12時前には寝ています。

I decided to add 50 push-ups to my daily exercise routine.
》 毎日の運動に腕立て伏せ50回を追加することにしました。
push-up で「腕立て伏せ」、「腹筋」は sit-up と言います。

I do nothing in particular for my health, but I do laugh out loud every day with my wife.
》 健康のために特に何もしていませんが、声を出して笑うというのは妻と毎日やってますね。
nothing in particular で「特に何も」、laugh out loud で「声を出して笑う」

It's essential to eat a colorful variety of fruits and vegetables every day.
》 毎日色とりどりの果物や野菜を食べることは欠かせません。
essential で「必要不可欠な」

美容室

「分け目は右にする」
英語でなんて言う？

エステ

エステで「くすぐったいです！」
英語でなんて言う？

I usually part my hair on the right.
（いつもは分け目は右にしてるんです）

Why don't you part it down the middle for a change? You are gonna like it.
（たまには真ん中で分けてみない？ きっと気に入るわよ）

That tickles! It'd be great if you could stop touching there.
（くすぐったいです！ そこは触らないでいただけると嬉しいです）

This is one of the most important pressure points. Would you hold still for another 20 seconds?
（とても大事なツボの一つなんですよね。あと 20 秒じっとできません？）

» part one's hair on the right / on the left / in the center で
「髪を右／左／真ん中で分ける」です。**for a change** で「たまには」、
gonna は **going to** の短縮形で口語で頻繁に使われます。

I'd like a wash and cut.（シャンプーとカットでお願いします）
I'd like to get a perm / to have my hair straightened / to have my hair dyed.
（パーマ／ストレートパーマ／カラーをお願いします）
Can you make my hair look like this picture?（この写真のような髪型にできますか？）
I'd like my hair trimmed. I don't want to change my hairstyle.（毛先だけ切ってく
ださい。髪型は変えたくないです）
Does this price include blow-dry?（この価格にブローも含まれますか？）
I usually put my hair up in a ponytail, so please don't cut it too short.（いつも
ポニーテールにしているんであまり短くしないでください）
I've got tons of split ends!（枝毛がたくさんある！）

» ～ **tickles.** で「～がくすぐったい」です。**pressure point** で「（マッ
サージの）ツボ」、**hold still** で「じっとする」です。

 エステ、ネイルサロンでのフレーズ

I don't have an appointment, but do you have any openings today?
（予約してないのですが、今日空いてる時間ありますか？）
Do you have any essential oils for pain relief?
（痛みを和らげるエッセンシャルオイルはありますか？）
I'd like to try the Swedish massage course.
（スウェーデンマッサージコースをお願いします）
Can I choose my esthetician?（エステの施術者の指名はできますか？）
I might be pregnant, but can I still try the body scrub course?
（妊娠しているかもしれないのですがそれでもボディスクラブのコースはできますか？）
Do you have other nail polish samples?（他のマニキュアのサンプルはありますか？）

関連フレーズ集 **コスメや美容のフレーズ**

Do you think my makeup is too heavy today?
》 今日の私のメイク濃すぎないかな？
化粧が濃い場合は heavy / thick / too much などを使います。

You look much better when you have no makeup on!
》 あなたすっぴんの時の方がずっと素敵！

I have dry skin on my cheeks. Is it a good idea to go to the dermatologist?
》 頬が乾燥するんです。皮膚科に行った方がいいかしら？
dermatologist で「皮膚科医」

I use a fragrance-free lotion because I have sensitive skin.
》 敏感肌なので無香料のローションを使っています。

You should wear sunscreen throughout the year, even in the winter.
》 一年中日焼け止めを塗った方がいいわよ。冬でもね。
throughout 〜で「〜を通してずっと」

I take supplements every day, but to be honest, I don't know if they are working.
》 毎日サプリメントを摂っているけど、正直なところ効果が出ているかはわからないな。
work で「効果がある」

Is this mascara water-proof?
》 このマスカラはウォータープルーフですか？

Does this foundation primer have sunscreen in it?
》 この化粧下地に UV カットは入ってますか？
foundation primer で「化粧下地」

What's the SPF number of the product?
》 その商品の SPF 値は何ですか？

遊園地

「待ち時間はどれくらい？」
英語でなんて言う？

映画館

「予告編」
英語でなんて言う？

How long is the wait time for this attraction?
（このアトラクションの待ち時間はどれくらい?）

It's 60 minutes! It's not worth the wait... Do they know how much I earn an hour?
（60 分ですって！ 待つ価値ないわ…私が 1 時間でいくら稼いでいるか知ってるのかしらねえ?）

Let's go and see the movie of this trailer next time!
（この予告編の映画今度観にいこう！）

I don't know about that. It often happens that the trailer is much better than the actual movie.
（どうかな〜。映画本編よりも予告編の方がずっと面白いってよくあるんだよね）

解説

» シンプルに **How long is the wait? / How long do we have to wait?** でも OK です。

» **be worth 〜** で「〜の価値がある」です。**It's not worth the wait.** は直訳すると「（アトラクションに）その待ち時間の価値はない」です。

遊園地でのフレーズ

I'm not a big fan of haunted houses.（お化け屋敷は苦手なの）

I don't want to wait in such a long line.（こんな長い列に並びたくないよ）

They didn't have this attraction the last time I came here!
（前回来た時はこのアトラクションなかったな！）

The show is not to everyone's taste.（このショーは万人受けする感じじゃないね）

» to the taste of 〜で「〜の好みに合って」

What are we going to buy as a souvenir?（お土産何にする？）

Is there a height requirement?（身長制限ありますか？）

解説

» 「予告編」は **trailer** の他に **preview** とも言います。**It often happens that 〜**で「〜なことはよくある」です。

映画館でのフレーズ

These two also starred in the movie we saw the other day.
（この前観た映画でもこの二人が共演していたね）

What's on at the cinema?（今映画館で何やってるの？）

Shall we get some popcorn?（ポップコーン買いにいこうか）

It's definitely one of the movies to watch at the cinema, not at home.
（これは間違いなく家じゃなくて映画館で観るべき作品だね）

That was an unexpected ending!（ラストが予想外だったね！）

Her acting was so good that it made me weep.（彼女の演技が上手すぎて泣けたわ）

» weep で「（静かに）泣く」

関連フレーズ集　映画について語ってみよう

This film was greatly influenced by Kurosawa's works.
》 この映画は黒澤監督作品の影響をとても受けているんだよ。

be influenced by 〜で「〜に影響を受ける」

The movie won the Oscar for Best Picture.
》 その映画、アカデミー賞の作品賞をとったよね。

Titanic is the most touching movie of the 20th century.
》 20 世紀の映画で最も感動的なのは『タイタニック』だな。

touching で「感動的な」

No spoilers, please! I haven't seen it yet!
》 ネタバレやめてね！ まだその映画観てないの！

spoiler で「ネタバレ」

Johnny Depp, who always plays the lead role, has a supporting role in this movie.
》 いつも主役を演じるジョニー・デップがこの映画では脇役で出演しているの。

lead role で「主役」、supporting role で「脇役」

I love the soundtrack.
》 このサウンドトラックが大好き。

That's a remake of a Japanese film.
》 それは日本の映画のリメイクなんだよ。

The original novel is much better. You should read it.
》 原作の小説の方がずっといいな。読んだ方がいいよ。

I really liked the twist in the plot.
》 あのプロットの意外な展開がとても良かった。

twist には「ねじれ」などの他に「意外な展開」という意味があります。

飲み会

「乾杯！」
英語でなんて言う？

飲み会

「お酒弱いんです」
英語でなんて言う？

A toast to our friendship!

（私たちの友情に乾杯〜！）

Come on, Hiroko. Drink water instead. You're already quite drunk.

（ひろ子ちゃんやめておきなよ。代わりに水を飲みなよ。もうすでに結構酔っ払ってる）

I have a low tolerance for alcohol.

（お酒弱いんです）

Excuse me? You've already had four beers tonight, and you still look completely sober.

（今なんて？ 今夜もう4杯もビールを飲んでいてもまだ完全にしらふに見えるんですけどー）

解説

» ⑦「お酒弱いんです」は他には **I'm not a big drinker. / I can't drink much.** などでもいいですね。
» ⑦ **have a low tolerance for ～**で「～に耐性がない≒～に弱い」という意味です。「お酒に強い」と言いたい場合は **low** を **high** に変えましょう。

色々な「乾杯」

Cheers! / Bottoms up!
（乾杯！）
Here's to Tom! / To Tom!
（トムに乾杯！）
I'd like to propose a toast. Cheers!
（乾杯したいと思います。乾杯！）
Let's make a toast!
（乾杯しましょう！）

 お酒を飲む時のフレーズ

Be quiet, guys! Or we could be blacklisted from this bar.
（みんな静かに！ じゃないとこのバーのブラックリストにのっちゃうよ）
She drinks like fish. / She drinks a lot.
（彼女は酒豪だ）
He's getting a little tipsy.
（彼少し酔ってきているね）
» tipsy で「ほろ酔いの」
I think I'm drunk.
（私酔ってるかも）
Who's gonna take Takeshi home? He's totally wasted.
（誰がタケシを家に連れて行く？ 完全に酔い潰れてるね）
» wasted で「ひどく酔っ払った」です。少しくだけた表現です。
Can you please stay for one more drink?
（お願い、もう一杯付き合って）
I'm driving, so I have to stay sober tonight.
（運転するので今夜は飲めないんです）
Let's eat ramen to sober up.
（酔い覚ましにラーメンを食べよう）
» sober up で「酔いを覚ます」

関連フレーズ集 お酒の失敗談

Japanese sake always gives me a terrible hangover.
》 日本酒を飲むといつもひどい二日酔いになるんだよな。

hangover で「二日酔い」

I had a blackout. I don't remember anything.
》 記憶が飛んだ。何も覚えてないよ。

blackout で「（一時的な）記憶の喪失」

I woke up in the middle of a cabbage patch. How did I get here?
》 キャベツ畑の真ん中で目が覚めた。どうやってここに来たんだろう？

patch で「畑」

I feel like throwing up.
》 吐きそう。

I have no idea where I am right now, and my phone died.
》 今自分がどこにいるのか全くわからないし、携帯は充電が切れた。

I just want to pretend it didn't happen, but I can't.
》 何も無かったように振る舞いたいけど、できない。

I drunk texted my ex-boyfriend again...
》 また酔って元彼にメールしてしまった…

drunk text で「酔ってメールする」

I lost my voice because I drank too much last night.
》 昨夜飲みすぎたので声が出ない。

There are so many embarrassing pictures from last night on my phone.
》 昨夜の恥ずかしい写真が私の携帯にたくさんある。

embarrassing で「恥ずかしい」

習い事

「オンライン受講は可能ですか？」
英語でなんて言う？

スポーツジム

「このジムに入会したいのですが」
英語でなんて言う？

Is it possible to take the lessons online?
（オンライン受講は可能ですか？）

Of course! But in that case, you wouldn't be able to taste my mouth-watering pasta! That's the highlight of my lesson, you know?
（もちろんです！ でもそれだと僕の絶品パスタを味見できないな！ それが僕のレッスンの醍醐味なんですけどね〜）

Excuse me. I'd like to become a member of this gym.
（すみません。このジムに入会したいのですが）

Do you have the sign-up fee of 20,000 yen right now?
（入会金の2万円は今お持ちですか？）

解説

» **mouth-watering** で「よだれが出そうな、美味しそうな」、**highlight** で「最も重要な部分」

 💬 習い事でのフレーズ

I was learning Spanish first. Then, I got interested in flamenco.
(最初はスペイン語を習っていたんです。そうしたらフラメンコに興味が出てきました)

The trial lessons are not for free, but they are offered at a discounted price.
(体験レッスンは無料ではないのですが割引料金になっています)

Do I pay monthly or each time I take a lesson? (月謝制ですか? 都度払いですか?)

I'd like to cancel my lesson this week and schedule a make-up lesson next week.
(今週のレッスンをキャンセルして来週振替を入れたいのですが)
» make-up lesson で「振替レッスン」

How long have you been taking this course?
(この習い事を始めてどれくらいですか?)

It's not that I want to be a professional. I'm learning for my own pleasure.
(別にプロになりたいわけではなくて、自分の楽しみのために習っています)

解説

» **become a member of ～** もしくは **join ～** で「～に入会する」です。
» 「入会金」は **sign-up fee**、**admission fee**、**registration fee** などと言います。

💬 スポーツジムのフレーズ

How much is the monthly fee? (月会費はおいくらですか?)
» monthly fee で「月会費」

What kinds of exercises should I do to tone my legs?
(脚を引き締めるにはどんな運動をすれば良いですか?)
» tone で「引き締める」

What should my body fat percentage be for my age?
(私の年齢だと体脂肪率はどれくらいが理想ですか?)
» body fat percentage で「体脂肪率」

Maybe it's time to quit the gym. I haven't been there for months.
(そろそろジムを退会するべきかもしれないな。もう何ヶ月も行ってない)
» quit で「辞める」

Chapter 04

関連フレーズ集 # 英会話レッスンでのフレーズ

Your lesson is always fascinating as well as useful.
》 先生のレッスンはいつも役に立つし非常に面白いです。

fascinating で「非常に面白い」

Please correct me if I make any mistakes. Any tiny mistakes!
》 間違いはなんでも直してくださいね。どんな小さな間違いでも！

I want to brush up my grammar today. So, please let me know if I make any grammatical mistakes.
》 今日は文法を集中的にやりたいです。文法の間違いがあったら必ず教えてくださいね。

grammatical で「文法の」

I want to improve my pronunciation today. I can't pronounce the word "literally."
》 今日は発音を上達させたいです。literally という単語の発音ができないんです。

literally で「文字通りに」、pronunciation で「発音」、pronounce で「発音する」です。スペルを混同しやすいので注意です。

Am I speaking correctly?
》 私の話し方あってますか？

Is my grammar okay?
》 私の文法、問題ないですか？

How would you explain this in English? What terms would you use?
》 先生だったらこれをどうやって英語で説明しますか？ どの言葉を使いますか？

term で「言葉」

Sorry I'm late for the lesson. There was so much traffic.
》 レッスンに遅れてしまってすみません。渋滞がすごくて。

Do you think talking to myself in English at home is a good way to improve my English?
》 自宅で英語で独り言を言うのは英語上達に有効だと思いますか？

結婚式

「末長くお幸せに！」
英語でなんて言う？

葬式・法事

「お線香」
英語でなんて言う？

It's nothing less than a miracle that you are marrying this handsome guy! You used to say in high school that he was out of your league. I wish you both happiness forever!

（こんなかっこいい彼と結婚するなんてまさに奇跡！ 高校時代は手が届かない人だって言っていたわよねえ。末長くお幸せに！）

Thank you, but can you just keep it a secret?

（ありがとう、でもその話はちょっと秘密にしておいてくれない？）

What are those?

（それ、何？）

These are incense sticks for the deceased.
It's the second anniversary of my grandma's death today.

（お線香だよ。今日はおばあちゃんの三回忌だから）

解説

> » **It's nothing less than a miracle.** で「奇跡以外の何ものでもない」、**be out of one's league** で「高嶺の花／手が届かない」、**keep 〜 a secret** で「〜を秘密にする」です。

色々な「お幸せに！」

I wish you all the happiness!（お幸せに！）

I wish you both happiness for many years to come. / **Wishing you a long and happy marriage.**

（これからもずっとお幸せに）

May your years together be long and blissful. Congrats!

（末長くお二人が幸せでいられますように。おめでとう！）

» blissful で「この上なく幸せな」

Congratulations on your wedding day!（結婚おめでとう！）

May your life be filled with everlasting love for one another.

（あなた方の人生がお互いへの終わりのない愛で満たされますように）

» everlasting で「終わりのない」

 解説

> » 棒状のお香を **incense stick** と言います。
> » **incense sticks for the deceased** でお線香の説明になります。
> » **the deceased** で「亡くなった人」です。

💬 故人を偲ぶフレーズ

I'm sorry for your loss.（ご愁傷様です）

» 最も一般的な言い方です。

Please accept my heartfelt condolences on your father's death.

（お父様のご逝去に対して私の心からのお悔やみをお受け取りください）

Sincere condolences on your sad loss.

（この度の悲しいご不幸に心からお悔やみを申し上げます）

He'll be greatly missed by everyone.

（この度のご不幸につき誰もがとても悲しく思うでしょう）

I'm sorry to hear about your grandfather.（おじいさんのこと聞いたよ。悲しいね）

» 親しい友達の間で交わされるくだけた言い方です。

Chapter 04

関連フレーズ集　お祝いの言葉

Happy 28th birthday!
》 ２８歳の誕生日おめでとう！

Happy New Year!
》 明けましておめでとう！
よく間違えられますが、A happy new year! とは言わないので注意しましょう。

Congratulations and bravo on your acceptance to the University of Tokyo!
》 おめでとう！ すごいね！ 東大に受かるなんて。
acceptance で「受け入れ」

You did it! So proud of you! Well done!
》 できたね！ 君をとても誇りに思うよ！ よくやった！

I knew it was only a matter of time! I'm so happy for you!
》 時間の問題だと思っていたよ！ 私も本当に嬉しい！
a matter of time で「時間の問題」

Way to go! Congrats!
》 その調子！ おめでとう！
congrats は congratulations を省略したものでよりくだけた言い方になります。

Hats off to you!
》 すごいね！
直訳すると「君には脱帽だ！」。敬意を表すくだけた表現です。

What an impressive achievement! Good luck with your new job at Apple.
》 なんてすごいことでしょう！ アップルでの新しい仕事がうまくいきますように。

Congratulations on the new cafe opening.
》 カフェの新規オープンおめでとうございます。

人生の節目を祝う伝統行事

「七五三って何?」
英語で説明できる?

人生の節目を祝う伝統行事

「還暦って何?」
英語で説明できる?

オフタイム 冠婚葬祭 04-59, 04-60

What is Shichigosan?
（七五三って何ですか？）

It's a festival for children who turn 3, 5 and 7 years old. Usually, the children have their pictures taken in kimono.

（3歳、5歳、7歳になる子供のためのお祝いです。通常、着物を着て写真を撮ります）

What is Kanreki?
（還暦って何？）

Kanreki means turning 60, which is a special age for Japanese. If you use the Chinese zodiac calendar, the 60th birthday marks the end of the fifth cycle, and it means it's the beginning of one's second life.

（還暦とは60歳になるという意味で、日本人にとって特別な年齢です。干支の暦で言えば、60歳の誕生日は第5の周期の終わりを表し、第2の人生の始まりを意味しています）

解説

» ⏱ 「〜歳になる」は **turn 〜 (years old)** といいます。
» ⏱ **have one's pictures taken** で「写真を撮ってもらう」という意味です。
» ⏱ **Chinese zodiac calendar** で「干支の暦」

人生の節目を祝う伝統行事を説明してみよう

In "obi-iwai," a pregnant woman ties a cotton belt called obi around her waist to ensure a safe delivery. The ritual takes place in the fifth month of the pregnancy.
（帯祝いでは妊娠した女性が安産のために帯と呼ばれる綿の腰巻を腹部に巻きます。妊娠 5 ヶ月目に行われます）
» delivery には「配達」の他に「出産」という意味があります。ritual で「儀式」

"Omiya-mairi" is a tradition in which newborns visit a Shinto shrine for the first time.
（お宮参りは生まれたばかりの赤ちゃんが初めて神社へ参拝するしきたりです）
» newborn で「新生児」

"Okuizome" is a ritual to celebrate the baby's first 100 days of life. A celebratory meal is prepared for the baby as the "first meal."
（お食い初めは赤ちゃんの生後 100 日目を祝う行事で「初めての食事」として赤ちゃんに祝いの膳を用意します）

"Seijinshiki" is a ceremony to celebrate those who turn 20. They get dressed in suits and kimonos and gather at public halls and other venues across the country.
（成人式は二十歳を祝う式です。スーツや着物に身を包み、全国の公会堂などの会場に集まります）
» venue で「開催地／会場」

The traditional costume of Kanreki is red. The person being celebrated wears a red hat and a sleeveless vest called Chanchanko.
（還暦の伝統衣装は赤です。お祝いされる人は赤い帽子をかぶり、チャンチャンコと呼ばれるノースリーブのベストを着ます）

There are other kinds of celebration of longevity besides Kanreki. For instance, Koki is celebrated at age 70 and Kiju at age 77.
（還暦以外にも長寿のお祝いはあります。例えば古希は 70 歳、喜寿は 77 歳で祝われます）
» longevity で「長寿」

関連フレーズ集 **季節の伝統行事を説明してみよう**

Osechi-ryori is the name given to the collection of Japanese dishes that are specially prepared for the first three days of the New Year.
》 おせち料理とは、お正月の三が日用に特別に作られる日本の伝統的な料理の呼び名です。

In Japan, the custom of eating rice porridge made with seven fresh herbs on January 7th is believed to get the New Year off to a healthy start.
》 日本では 1 月 7 日に七草粥を食べる習慣があり、それによって健康的な 1 年のスタートを切ることができると信じられています。

Kagami-mochi is a traditional Japanese New Year decoration made of two round-shaped pieces of rice cake topped with a mandarin.
》 鏡餅は日本の伝統的なお正月飾りで、丸い形をしたお餅二つにみかんを乗せたものです。
rice cake で「餅」、mandarin で「みかん」

On the day of Setsubun, we scare away oni, or Japanese demons, by throwing beans from our houses.
》 節分の日には家の中から豆をまいて日本の悪魔である鬼を追い払います。

Hinamatsuri is the girls' day in Japan. We pray for their bright and happy future by decorating the house with ornamental dolls.
》 ひな祭りは日本の女の子の日です。家の中に雛人形を飾り、彼女たちの明るく幸せな未来を祈願します。
ornamental で「装飾用の、飾りの」

When Children's Day comes around, Japanese people start hanging colorful fish-shaped flags on balconies.
》 こどもの日が近づくと、日本人はベランダに色とりどりの鯉のぼりを飾り始めます。
come around で「(時期、催しなどが) 巡ってくる」

Tanabata is the star festival in Japan. We write wishes on pieces of paper that we hang on bamboo trees.
》 七夕は日本の星のお祭りです。笹につるす紙片に願い事を書きます。

政治

「消費税増税」
英語でなんて言う？

経済

「需要と供給」
英語でなんて言う？

181

I'm not happy with the consumption tax hike.

（消費税増税には納得がいかないよ）

Exactly! This bento used to be called "one-coin lunch," but now it's more than 500 yen including tax!

（本当だよ！ この弁当はワンコイン弁当って呼ばれてたのに、今じゃ税込みだと５００円じゃ買えないもん！）

1,000 yen? Why is your yakisoba so overpriced? My takoyaki is half the price!

（1000円？ なんであなたの焼きそばはそんなに高いの？ 私のたこ焼きはその半額なのに！）

Have you ever heard of supply and demand? Of course it's because there's consumer demand for it.

（需要と供給って聞いたことある？ これに消費者需要があるからに決まっているでしょう）

解説

» 「消費税」は **consumption tax / sales tax** です。
» 「増税」は **tax hike** と言います。

 政治に関わるフレーズ

I need to vote early because I'll be abroad on the election day.
(選挙当日は海外にいるので期日前投票をしないとな)

» election で「選挙」、「期日前投票」は early voting / advance polling などと言います。

A politician's most vital skill is a silver tongue.
(政治家に最も欠かせない技能は雄弁さです)

» silver tongue で「説得力」「雄弁」

Are you for or against the death penalty?
(あなたは死刑制度に賛成ですか? 反対ですか?)

» be for ～で「～に賛成」、be against ～で「～に反対」

Japan's ruling party is never going to change unless voter turnout goes up.
(投票率が上がらない限り日本の与党は決して変わらないよ)

» ruling party で「与党」、「野党」は opposition party、voter turnout で「投票率」です。

解説

» **overpriced** で「高すぎる値段の」
» **consumer demand** で「消費者需要」です。

 経済に関わるフレーズ

Research the market thoroughly and only invest what you can afford to lose.
(市場を徹底的にリサーチして、損しても良い額を投資するだけにしましょうね)

There are so many types of virtual currencies.
(仮想通貨には本当に色々な種類があるな)

» virtual currency で「仮想通貨」

The yen is gradually getting weaker. (徐々に円安になってきています)

» gradually で「徐々に」

The majority of the people don't see any economic recovery.
(国民の大半は景気回復を実感していません)

You should buy government bonds to reduce the overall risk of the portfolio. (国債を買ってポートフォリオの全体的なリスクを減らすべきだよ)

» government bond で「国債」

Chapter 04

関連フレーズ集 アメリカ、日本の政治について語ってみよう

Someday, I want to see the White House with my own eyes.
》 ホワイトハウスをいつかこの目で見てみたいな。
see with one's own eyes で「この目で見る」

In the United States, the president is elected to a four-year term.
》 アメリカでは、大統領は4年の任期で選出されます。

Are you a Democrat or Republican?
》 あなたは民主党支持者ですか、共和党支持者ですか?

I would call myself an independent.
》 私は民主党、共和党のどちらも支持していません。

Hillary Clinton was the opponent when Trump was elected President of the United States in 2016.
》 ヒラリー・クリントンは2016年にトランプがアメリカ大統領に選出された時の対抗馬ですね。
opponent で「対抗馬」

In Japan, the Emperor's power is limited to mainly ceremonial duties.
》 日本では、天皇の権力は主に儀式的な職務に限定されているんです。
the Emperor で「天皇」

Do you think constitutional revision is necessary?
》 憲法改正は必要だと思いますか?
constitutional revision で「憲法改正」

The United States has a presidential system, while Japan has a Cabinet system.
》 アメリカは大統領制ですが日本は内閣制です。
Cabinet で「内閣」

In Japan, the minimum voting age was lowered to 18 from 20.
》 日本では選挙権年齢が20歳から18歳に引き下げられました。

「もっとリスニング力を上げたい場合はどうしたら良い？」

文法や単語の知識はしっかりとあるのに英語が聞き取れないという場合は単語と単語がくっついて発音されるのが原因であることが多いです。例えば、**Check it out.** は**「チェック・イット・アウト」**ではなく**「チェケラッッ」**に近い音で発せられます。

単語一つ一つの場合と複数の単語を並べた場合とでは発音がかなり違ってくるのが英語の特徴の一つです。対策としては簡単なリピーティングがおすすめです。まずはネイティブの音源を用意してください。好きな YouTube 動画や映画でもいいですし、本書付属の音声も大変おすすめです。

What about / Did you / Can I

など単語がつながって発音されるものを**「聞いて」「自分で言ってみる」**を繰り返してみてください。文単位ではなく、上記のような2−3語の短いかたまりからまずは始めてみましょう。ここでのポイントは

①先入観にとらわれず、耳に聞こえた音のまま発音してみること
②同じフレーズを何度も繰り返し練習すること

不思議なことに、自分で発音できるようになると聞き取れるようになります。2−3語単位だと進みは遅いですが、そこは問題ではありません。一つ一つを丁寧にリピーティングしていくと、そのうち法則が見えてきます。慣れてきたら文単位でリピーティングすることも可能になってきます。リスニング力が上がるだけでなく、英語のリズムをつかみ、ネイティブに伝わりやすい英語を話せるようにもなります。

Chapter

05

Chapter 05

海外旅行

出国、機内、ホテル、観光から帰国まで、海外旅行で英語が必要になるあらゆる場面を想定しています。旅行先での移動中に使うフレーズも、バス、電車、タクシー、レンタカー、徒歩など細かく場面を分けています。

海外旅行にはトラブルがつきものです。盗難、詐欺にあった時、はたまた詐欺とは確信できないけれどさりげなくかわしたい時、体調を崩した時などトラブル別に役立つフレーズも載せています。海外旅行の際にはぜひ目を通してみてください。

入国時

入国審査で
滞在期間と滞在地を聞かれたら？

入国時

| 09 20 | LONDON | AV237 | 12 |
| 09 35 | HELSINKI | BD327 | 01 |

空港で「申告するものはありません」
英語でなんて言う？

How long are you staying in Australia?
（オーストラリアでの滞在期間は？）

I'm staying for a week.
（一週間です）

Where are you staying?
（どちらに滞在しますか？）

I'm staying at ABC Hotel in Sydney.
（シドニーにある ABC ホテルです）

Excuse me, do you have anything to declare?
（すみません。申告するものはありますか？）

Am I supposed to declare packaged snacks as well? If not, I have nothing to declare.
（包装されたスナック菓子も申告するべきですか？
　そうでなければ、申告するものはありません）

» ⑮滞在期間は **I'm staying for 〜.** と答えましょう。
〜には **about a month**（約一ヶ月）、**5 days**（5日間）、**half a month**（半月）など期間が入ります。
友人宅に滞在する場合は **I'm staying at my friend's house.** と言いましょう。
» ⑯ **declare** で「申告する」

入国審査でよく聞かれる質問と答え方

What's the purpose of your visit?（旅の目的はなんですか？）
　I'm here for sightseeing.（観光です）
　I'm here for pleasure.（遊びで来ました）
　I'm here on business.（仕事です）
　I'm here to visit my family.（家族に会うためです）
　I'm just changing planes.（飛行機の乗り換えのためです）

Do you have your return ticket?（帰りの航空券はありますか？）
　Yes, I'll go back to Japan on June 3rd.（はい。6月3日に日本に戻ります）
　No, but I'm planning to go back in a month.（ありませんが1ヶ月後には帰国する予定です）

What's your occupation?（お仕事は何をされていますか？）
　I'm a writer.（ライターをしています）
　下線部分を言い換えましょう。
　an office worker（会社員）**a public employee**（公務員）
　self-employed（自営業）**a student**（学生）**a housewife**（主婦）
　a part-time worker（アルバイト）

余裕があったら言ってみたい

I wish I were on vacation, but unfortunately I have business meetings to attend.
（休暇だったら良かったんですけどね。残念ながら仕事のミーティングに出ないといけないんで）
I'm staying for just three days. I know I need two more weeks to look around the city, but I can't help it. My son's school starts this week.
（3日だけの滞在なんです。この街をみて回るにはあと2週間くらいないといけませんよね。でも仕方がないですね。息子の学校が今週始まるので）
» **I can't help it.** で「仕方がない／どうしようもできない」

関連フレーズ集 空港での会話〈到着後〉

Where do we catch the shuttle bus?
》 シャトルバスはどこから乗れるんだろう？

How much money do you think I should exchange for now?
》 とりあえずいくら両替すればいいと思う？
for now で「とりあえず／今のところ」

Let me call my mom to let her know that I've safely arrived in Paris.
》 無事パリに着いたって電話でお母さんに知らせるね。
have safely arrived in 〜で「〜に無事到着した」

Since your watch is analog, you need to adjust the time manually.
》 あなたの腕時計はアナログだから手動で時間を合わせないとね。
manually で「手動で／手作業で」

It's colder than expected. Why don't you take out your coat out of the suitcase?
》 思ったより寒いな。スーツケースからコート出したらどう？

I feel like having dinner at a great restaurant in Florence tonight, but I'm not hungry because I ate every single bite of my in-flight meal.
》 今夜はフィレンツェの素敵なレストランでディナーを食べたい気分だけど、機内食を一口残らず食べちゃったからお腹空いてないんだよな。
eat every single bite of 〜で「〜を一口残らず食べる」

We're not buying any souvenirs yet. I don't wanna carry them all the way. You can buy them anytime. Our journey has just begun.
》 まだお土産は買いませんよ。荷物になるのいやだから。いつでも買えるって。旅は始まったばかりなんだから。

It takes about thirty minutes to get to the hotel from the airport. Not bad.
》 空港からホテルまでは大体３０分だって。悪くないね。
Not bad. で「悪くないね」

出国時

「機内に持ち込めますか？」
英語でなんて言う？

出国時

「このベビーカーは預ける必要がありますか？」
英語でなんて言う？

Can I carry this onto the plane?
（これ、機内に持ち込めますか？）

I'm afraid it's too big.
（恐れ入りますが、大きすぎます）

Is it required to check in this stroller? If possible, I would like to bring this to the gate.
（このベビーカーは預ける必要がありますか？　可能であれば搭乗口まで持って行きたいのですが）

You can take it right to the aircraft door.
（飛行機の入り口まで持っていけますよ）

» ㊤他にも **Is this small enough to take onto the plane? / Can I take this with me?** などでも良いでしょう。

» ㊦ **Do I need to check in this stroller? / Do I have to check in this stroller?** でも良いです。

» ㊦ベビーカーは和製英語です。アメリカ英語では **stroller**、イギリス英語では **buggy** と言います。

チェックインカウンター

Hello, I'd like to check in for my flight.
（こんにちは。チェックインをしたいんですが）

I'd like to change my flight.
（フライトを変更したいのですが）

I have one suitcase to check in. This small one is a carry-on.
（スーツケースを一つ預けたいです。この小さい方は持ち込みます）
》 carry-on で「機内持ち込み用手荷物」

My suitcase is a kilogram overweight. Do I need to pay an extra charge?
（スーツケースが規定より1キロ重くなってしまいました。追加料金かかります？）
》 overweight で「重量超過の」

A glass vase is in the baggage. I've wrapped it in layers of packaging, but could you put a "fragile" sticker on it, just in case?
（ガラスの花瓶が入っているんです。何重にも梱包してありますが、念のため「壊れ物」のシールを貼ってもらえますか？）
》 layers of packaging で「何重もの梱包材」

Could I have an aisle / a window seat, please?
（通路側／窓側の席は空いてますか？）

Could we have four seats in a row?
（4席並んで空いているところはありますか？）
》 in a row で「続けて」

My kid is still small, so we'd like to sit as close as possible, preferably next to each other.
（子供がまだ小さいんでなるべく近くに座りたいんです。できれば隣同士で）
》 preferably ～で「できれば～」。前の言葉に付け足して文末でよく使われます。

I'd like to use my miles to upgrade to business class.
（マイルを使ってビジネスクラスにアップグレードしたいのですが）

関連フレーズ集 空港での会話〈帰国前〉

A typhoon is approaching. Will the flight leave on schedule?
》 台風が接近しています。この便は定刻通り出発しますか？
approach で「近づく」、on schedule で「予定通り」

Thank god it's a direct flight this time!
》 助かったー、今回は直行便で！
thank god はくだけた言い方で「ありがたい！／助かった！」

I want to go shopping at a duty-free store.
》 免税店で買い物がしたいな。

It's much cheaper to buy these Japanese cosmetics here than in Japanese department stores.
》 この日本製の化粧品、ここで買う方が日本のデパートで買うよりもずっと安い。

Would you please tell me where my boarding gate is? Here's my boarding pass.
》 私の搭乗口がどこか教えていただけますか？ これが搭乗券です。
boarding pass で「搭乗券」

I think I'll donate the leftover Thai baht to charity. The banks in Japan don't take foreign coins anyway.
》 残ったタイバーツは慈善事業に寄付しようかな。どうせ日本の銀行は外国の硬貨を扱ってくれないし。

We went to so many souvenir shops during the trip, but we ended up buying something in a hurry at the airport.
》 旅行中あんなにお土産屋さんに行ったのに、結局空港で焦って買うことになるなんて。

We are heading back home when the jet lag is finally over.
》 ようやく時差ぼけが解消した頃に帰国だね。
head back home で「家に向かう」

CA さんとの会話

飛行機の気圧の変化で 「耳が痛い」
英語でなんて言う？

CA さんとの会話

「家にたくさんある」
英語でなんて言う？

Chapter 05

» ㊤「耳抜きができません」は **I can't pop my ears.** でも OK です。 **air pressure** で「気圧」です。

» ㊦ **a dozen** とは「1 ダース（12 個）」の意味ですが **dozens of ～** で「たくさんの～」という意味になります。

客室乗務員に要望を伝える

Excuse me, there's no room for my baggage. Is there anywhere I could squeeze my bag in?
（すみません。カバンが入らないのですが。どこか入れられる場所はありませんか？）
» 飛行機の「天井備え付けの手荷物入れ」は overhead compartment と言います。

What kind of alcohol do you have?
（アルコールは何がありますか？）
» Then I'll have red wine, please.（それでは赤ワインをください）などと会話は続きます。

Excuse me, may I have a blanket, please? It's a bit cold here.
（すみません。毛布をいただけますか？ ちょっと寒いので）

The earphones are not working. Do you have new ones?
（イヤフォンが作動しないのですが。新しいものありますか？）
» 冒頭で earphones（イヤフォン）と言っているので後半では繰り返さずに ones（日本語では「もの」）と言っています。繰り返しても間違いではありませんがよりこなれて聞こえます。

I don't feel well because of the air turbulence. Could I have a cup of water?
（乱気流のせいで気分があまり良くありません。お水をコップ一杯いただけますか？）

There's something wrong with my screen. How can I start playing the game?
（スクリーンの調子がおかしいんです。どうやったらゲームを始められますか？）

Do you have this form in Japanese?
（この記入フォームに日本語版はありますか？）

Could you let me borrow a pen? I need to fill out this form.
（ペンを貸していただけますか？ この用紙に記入しないといけないので）
» Could I borrow a pen? / Could you lend me a pen? などでも OK です。

Is this seat belt properly fastened?
（このシートベルトはちゃんと装着できていますか？）
» fasten で「装着する」、t は発音しません。

関連フレーズ集 積極的に客室乗務員と話してみる

What is the time difference between Japan and Singapore?
>> 日本とシンガポールでは時差は何時間ありますか?

How do you manage to remember all those? You have a good memory!
>> どうやったらそんなにたくさん覚えられるんですか? 記憶力がいいですね!

Is there any chance of seeing the polar lights from the aircraft? Which direction should I look in?
>> 機内からオーロラが見られる可能性はありますか? どの方角を見たらいいですか?
polar lights で「オーロラ」です。

It's been quite a long time since we landed. Do you know what we are waiting for?
>> 着陸してから随分時間が経ちましたね。今は何を待っているのかご存知ですか?

Do you have any Japanese newspapers?
>> 日本の新聞はありますか?
どこの新聞が良いか聞かれたら The Nikkei would be great. (日経新聞があれば嬉しいです) などと答えてみてください。

I'd like to move to that empty seat.
>> あそこの空いている席に移動したいのですが。

Do you have any toys that the kids can play with? They are getting bored.
>> 子供が遊べるおもちゃはありますか? 子供たちが飽きてきてしまっていて。

Will you show me this duty-free item? I'd like to see how big it is.
>> この免税品を見せていただけますか? どのくらいの大きさか見てみたいので。
免税品カタログを指して言ってみてください。how big it is で「それがどれくらい大きいか」

Can I change the subtitles to Japanese? Or how do I switch to the Japanese dubbed version?
>> 字幕を日本語に変えられますか? もしくは日本語吹替版に替えるにはどうしたらいいですか?
Japanese dubbed version で「日本語吹替版」です。

他の乗客との会話

「携帯を機内モードにする決まりですよ」
英語でなんて言う？

他の乗客との会話

「すごくお手洗いに行きたい」
英語でなんて言う？

Chapter 05

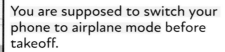

You are supposed to switch your phone to airplane mode before takeoff.
（離陸前に携帯を機内モードにする決まりですよ）

Thanks. I wasn't aware of that.
（ありがとう。気付かなかったよ）

You know what my biggest problem is right now? Well, I need to go to the lavatory so badly, but the person in the aisle seat is asleep. Do you think I can wake him up in order to get up and go, or should I just hold it?
（私の今の最大の悩みわかる？ あのね、すごくお手洗いに行きたいの。でも通路側の人眠っているでしょ。起こして立ち上がって行くべき？ それとも我慢すべき？）

It depends on how badly you wanna go.
（どれくらい切実に行きたいかによるよ）

» ㊤ **You have to switch your phone to airplane mode.** でも
いいですね。
» ㊦ **I really need to go to the bathroom.** などの言い方もいいで
すね。**hold it** で「トイレを我慢する」です。
lavatory は **toilet** よりもかしこまった言い方で主に公共のトイレに
対して使われます。
badly は **need** や **want** と組み合わさると「とても／どうしても」
という意味になります。

機内での友達との会話

I want to travel in business class someday.
(いつかビジネスクラスに乗ってみたいな)

I love this fully flat seat! I was sound asleep before I knew it.
(このフルフラットシート大好き！　知らぬ間にぐっすり眠っていたわ)
》 sound asleep で「ぐっすり眠っている」

This is the latest movie starring Scarlett Johansson!
(これ、スカーレット・ヨハンソン主演の最新映画だよ！)

Can I have a piece of your chicken? You can have a sip of my wine.
(あなたのチキン一口もらってもいい？　私のワインちょっと飲んでいいよ)
》 sip で「ひとすすり／ひとくち」

Stay awake a little longer. You can play cards with me.
(もうちょっと起きてようよ。一緒にトランプしようよ)

As much as I'd like to hear your plans for this trip, I'm so sleepy that I can't keep my eyes open.
(今回の旅行のあなたの予定を聞きたいのは山々なんだけど、目を開けていられないくらい眠いわ)
》 As much as I'd like to A, B. で「Aしたいのは山々なんだけど、Bだ」

I made the right decision when I chose this airline. The meals are delicious!
(この航空会社を選んで正解だったわ。食事が美味しい！)

Look out the window. There are white clouds as far as the eye can see.
(窓の外を見てみて。見渡す限り白い雲だよ)
》 as far as the eye can see で「見渡す限り」

Did you hear what the captain just announced? It'll be hailing right around the time we land!
(今の機長からのアナウンス聞いた？　ちょうど着陸する頃はあれが降ってるんだって！)
》 hail で「あられが降る」です。

関連フレーズ集 乗客同士で会話する

Excuse me, I think you are sitting in my seat. My boarding pass says 20C. Could you check yours?
》 すみません。そこは私の席だと思うのですが。私の搭乗券には20C と書いてあります。搭乗券を確認していただけますか？

A says B で「A には B と記載されている」という意味になります。

Your seat needs to be in an upright position during takeoff and landing.
》 離着陸時は背もたれを真っ直ぐに戻す必要がありますよ。

Do you mind if I recline my seat a little bit more? I'll put it back when the meals arrive.
》 もう少し背もたれを倒してもよろしいですか？ 食事が運ばれてきたら元に戻しますね。

What brought you on this journey?
》 何がきっかけで今回の旅に出たんですか？

I'm attending a wedding in California. My sister's getting married.
》 カリフォルニアで行われる結婚式に出席するんです。姉が結婚するので。

I hate to bother you, but will you let me through?
》 ご迷惑をおかけして申し訳ないのですが、通していただけますか？

I hate to trouble you でも同じ意味です。ちょっとくだけた言い方だと Can I get through, please?

Could you keep your voices down, please?
》 もう少し静かに話していただけますか？

相手が一人の場合は Could you keep your voice down, please?

Are you traveling by yourself?
》 お一人でご旅行中ですか？

突然問いかけるのはびっくりされるかもしれませんが、ふと会話が始まった時に話題作りで使えるフレーズです。

Are you traveling for business?
》 お仕事で出張ですか？

バス

席を譲る時「私はもうすぐ降りるので」
英語でなんて言う？

電車・タクシー

「車を道の片側にとめてもらえますか？」
英語でなんて言う？

Chapter 05

> » **besides** で「それに／その上」、**I insist.** で「ぜひそうさせてください」です。相手のためを思って提案している時に使います。

バスでの会話

I'd like to purchase coupon tickets for the bus.（バスの回数券が欲しいのですが）

The city bus system is so complicated. It would take me half a year to get used to it.
（この町のバスのシステムは複雑すぎるよ。慣れるまでに半年はかかりそう）

Isn't it amazing that I managed to get here by myself after taking so many buses?
（そんなにたくさんバスを乗り継いでここまで私が一人でたどり着けたことがすごいと思わない？）

I don't have any change. Is it okay if I use a ten dollar bill?
（小銭がないんですが１０ドル札でも大丈夫ですか？）

» Can I exchange money here?（ここで両替できますか？）と尋ねてもいいですね。

Will this bus stop at ABC Hills?
（このバスは ABC ヒルズに停まりますか？）

» Does this bus 〜? / Does the bus 〜? などでも OK です。

> » **pull over** で「（車を）片側に寄せる」という意味です。
> » **Could you stop the car?** でも OK です。

電車に乗る時の会話

Can I purchase a prepaid card from the ticket vending machine?
（自動切符販売機でプリペイドカードは購入できますか？）

Does this train stop at every station? Or is this a rapid train?
（この電車は各駅に停まりますか？ それとも快速電車ですか？）

Is there an underground connection to the theater from the subway station?
（地下鉄の駅からその劇場まで地下でつながっていますか？）

I don't have a ticket, but may I use the bathroom inside the ticket gate?
（切符は持っていないのですが改札の中のトイレを使わせていただいてもいいですか？）

According to the app, we're transferring from Line 3 to Line 11 at the ABC Station.
（このアプリによると ABC 駅では１１番線に乗り換えるみたい）

関連フレーズ集 タクシーでの会話

I'd like to put two pieces of baggage in the trunk.
》 トランクに荷物を二つ入れさせてください。
baggage は不可算名詞で数える場合は pieces of を頭に付けます。

I have a big suitcase. Do you think it fits in the trunk?
》 大きなスーツケースがあるんです。トランクに入りきりますか？
fit in ～で「～に入りきる」

Please take me to Central Hotel. Here's the address.
》 セントラルホテルまでお願いします。これがその住所です。

Now we are stuck in traffic. Is it always crowded at this time of day on a weekday?
》 渋滞にはまってしまいましたね。平日のこの時間はいつも混むんですか？
be stuck in traffic で「渋滞にはまる」

Which will get us to the destination faster, taking ABC Street or CBA Street?
》 ABC 通りを通るのと CBA 通りを通るのではどちらが早く目的地に着きますか？
Which is faster, ABC Street or CBA Street? でも OK です。

Do you know any side streets to take to avoid the traffic?
》 渋滞を避けられるような裏道を知ってますか？
Can you take a shortcut?（近道できますか？）でも似たような意味になります。

How long does it take to get to the airport?
》 空港まで時間はどれくらいかかりますか？

How much does it cost to get to Bondi Beach?
》 ボンダイ・ビーチまで行くのにいくらかかりますか？

Please keep the change.
》 お釣りは結構です。

日本との共通点・違い

「近くにタクシー乗り場はありますか？」
英語でなんて言う？

レンタカー

「ガソリンを満タンにする」
英語でなんて言う？

Chapter 05

Excuse me. Is there a taxi stand nearby?
（すみません。近くにタクシー乗り場はありますか？）

Yes, there's one in front of the tourist information area.
（観光案内所の前にあります）

We don't necessarily have to fill up the tank before returning this car. Why don't we pay the rental car company for a fill-up to save time?
（この車を返す前にガソリンを絶対に満タンにしなきゃいけないわけじゃないよね。時間節約のためにガソリン代をレンタカー会社に支払わない？）

Let's not do that because they charge us significantly more than this gas station.
（ここのガソリンスタンドよりもずっと高い値段で請求されるからそれはやめとこうよ）

解説

» **taxi stand** で「タクシー乗り場」です。

交通機関、交通ルールに関する日本との違い

In Japan, cars drive on the left side of the road. It's a weird feeling driving on the opposite side.（日本では車両は左側を走るのよ。反対側を走るのはなんか変な感じ）

It's great that the trains don't stop in such bad weather. In my neighborhood in Japan, the trains stop all the time due to the wind.
（こんなに悪天候なのに電車が止まらないのは素晴らしい。私の日本の家の近所では風が原因で電車が頻繁に止まるのよ）

I'm surprised at the laxness of the laws in this country. In Japan, any child under the age of 6 needs to be in a child car seat.（この国は法律が甘くてびっくりだな。日本では6歳未満の子供はみんなチャイルドシートに座らせないといけないんだ）
» laxness で「ゆるさ」

In Japan, you are basically required to renew your driver's license every five years.（日本では基本的に5年に1度運転免許を更新する必要があるんだ）
» renew the driver's license で「免許の更新をする」

解説

» **fill up the tank** で「ガソリンを満タンにする」、**return the car with a full tank of gas** で「ガソリンを満タンにして車を返却する」です。
ちなみに「レギュラー満タンでお願いします」は **Fill it up with regular, please.** です。

レンタカーでのフレーズ

What's the rate per day?（1日の料金はいくらですか）

Here is my international driver's license, and this is the email to confirm my reservation.（これが私の国際免許証で、これが予約の確認メールです）

If I take the SUV, how much extra would it cost?
（もしSUVにしたら追加でいくらかかりますか？）

Should I return the car here or do you have a different parking lot for returns?（車はここに戻せばいいですか？ それとも他に返却専用の駐車場がありますか？）

How do I start the navigation system? / How do I start the engine?
（カーナビはどうやったら作動しますか？／エンジンはどうやったらかかりますか？）

Is this the button to open the trunk?（これはトランクを開けるためのボタンですか？）

関連フレーズ集 道を尋ねる

Where is the nearest post office?
» 最も近い郵便局はどこですか？

What is the cheapest way to get to the national museum?
» 国立美術館に一番安く行くにはどうしたらいいですか？

一番「早く」であれば the fastest way、最も「簡単な」行き方なら the easiest way に言い換えましょう。

I think I'm lost. Could you tell me the way to get back to Fifth Avenue?
» 道に迷ってしまったようです。五番街へ戻るにはどうすればいいですか？

Where are we right now on the map?
» 今地図上のどこにいるのでしょうか？

Is it within walking distance?
» 歩いて行ける距離ですか？

within walking distance で「徒歩圏内」

How do I get to the supermarket?
» スーパーへはどうやって行けばいいですか？

How do I get to 〜？で「〜へはどうやって行けばいいですか？」

How long would it take to get there if I walk?
» 歩いたらどれくらい時間がかかりますか？

Do I turn left at the blue building?
» 青いビルのところで左に曲がればいいんですか？

Thank you so much. I think I can make it!
» ありがとうございます。たどり着けそうです！

make it で「たどり着く／間に合う」

212

ハウスキーピング

「掃除をお願いしたいのですが」
英語でなんて言う？

ルームサービス

メニューに載っていないもの、
英語でどうやって頼む？

Chapter 05

I'd like to request a cleaning, please. The bathtub is overflowing with bubbles because my kids were messing around with the amenities!

（掃除をお願いしたいのですが。子供たちがアメニティーをいじっていたら、バスタブから泡が溢れ出てきてしまって！）

Room service. May I help you?

（ルームサービスです。ご用件をどうぞ）

I was wondering if I could order something that's not on the menu. I would like some simple tomato spaghetti without any black pepper, cheese or other vegetables.

（メニューに載っていないものを注文できたりしますか？ 黒胡椒、チーズや他の野菜が入っていないシンプルなトマトスパゲッティーを頼みたいのですが）

例文のような緊急事態ではなくても日々のお掃除をお願いする場合に
使えるフレーズです。
» **mess around with ～**で「～をいじくる」です。

ホテルのクリーニングサービス

Could you clean up the room while we are taking lunch?
(昼食を食べる間に部屋を片付けていただけますか？)

Our room is not that messy. Could you just change the towels, please?
(部屋はそれほど散らかっていないのでタオルだけ変えてもらえますか？)

I'm tied up with work right now. Will you come back in three hours?
(今仕事が立て込んでいて。3時間後にまた来てもらえますか？)

» **be tied up with ～**で「～で忙しい」

I put three dollars on my pillow as a gratuity for the housekeeper. Do you think it was an appropriate amount?
(清掃員の方へのチップとして枕元に3ドルを置いたよ。3ドルで良かったと思う？)

» **gratuity** で「チップ」、**appropriate amount** で「適切な量（今回の場合は金額）」

解説

» **I know this is not included in the menu, but...**（メニューに
は載っていないのはわかっているんですけれども…）と切り出しても
いいですね。
» **I was wondering if I / you could...** は頼み事をする時の丁寧な聞
き方として型で覚えてしまうと便利です。

ルームサービス

What are the hours for room service? Is it provided on a 24-hour basis?
(ルームサービスは何時から何時までですか？ 24時間やっていますか？)

Do you have any suggestions for side dishes to pair with this entrée?
(この料理に合うおすすめの副菜はありますか？)

» **entrée** は本来は魚と肉の間で出される料理を指しますが、多くの場合はメインディッシュをこう呼
びます。

May I ask to speak with the hotel's sommelier?
(ホテルのソムリエの方に電話をかわっていただくことはできますか？)

This hotel doesn't offer room service.
(このホテルにはルームサービスはないんだって)

関連フレーズ集 コンシェルジュに話しかける

We are having a big conference next week. Do you know any exclusive restaurants that can accommodate 30 or more people?
>> 来週大きな会議があります。30 人以上入れる高級レストランを知っていますか？

Is there a gourmet restaurant that is not for tourists and is popular among locals?
>> 観光客向けではなく地元の人で賑わう食通向けのお店はありますか？

Do you have any recommendations for a good seafood place nearby?
>> 近くでおすすめのシーフードのお店はありますか？

Is there a restaurant I can take my kids to in the middle of the night? We are jet-lagged, so we are asleep during the day and awake during the night.
>> 夜中に子供を連れて行けるお店はありますか？ 時差ぼけで、昼間は寝ていて夜は起きてしまうんです。

Could you translate what this instruction manual says into English?
>> この取扱説明書に書いてあることを英語に訳してもらえますか？

translate A into B で「A を B に訳す」

Do you know any nearby fitness centers that offer daily or weekly passes?
>> 1日単位や1週間単位でも利用できるジムが近くにあるかご存知ですか？

offer で「提供する」

I'm proposing to my girlfriend tomorrow night. Could you help me fill my hotel room with flowers?
>> 明日の夜、彼女にプロポーズするんです。ホテルの部屋を花でいっぱいにするのを手伝ってもらえますか？

propose to 〜もしくは make a proposal to 〜で「〜にプロポーズする」

Is there any way you could procure two tickets for the show?
>> この公演のチケットを 2 枚調達する方法はありませんか？

チェックイン

「オーシャンビューの部屋は空いていますか」
英語でなんて言う？

チェックアウト

「空港までのシャトルバスはありますか？」
英語でなんて言う？

Could I get a room with an ocean view? How much extra would it cost?
（オーシャンビューの部屋は空いていますか？ 追加料金はいくらかかりますか？）

Yes, it costs 20 dollars extra per night.
（はい。一晩につき追加で２０ドルかかります）

Do you have a shuttle service to the airport?
（空港までのシャトルバスはありますか？）

Yes, the bus leaves the hotel every thirty minutes. The next one leaves at three o'clock.
（ございます。３０分ごとにホテルを出発しまして、次のバスは３時に出ます）

» ㊤他にも **Do you charge extra?**（追加料金はかかりますか？）で もいいですね。

» ㊦館内施設やサービスの有無を尋ねる時は例文のように **Do you have 〜?** と尋ねるのが一般的です。

（例）**Do you have towels at the swimming pool?**
（プールにタオルは置いてありますか？）

チェックアウト

I'd like to request a late checkout by two hours.
（チェックアウトの時間を２時間遅らせたいのですが）
》 by two hours と言わずに at two o'clock など具体的な時刻を伝えても OK です。

I'd like to check out, please. Here's my room key.
（チェックアウトしたいのですが。ルームキーです）

I'll pay 200 dollars in cash and the rest by credit card.
（２００ドルの現金と、残りはクレジットカードで支払います）
》 余った現地通貨を使い切ることができて便利です。

Last night's buffet was billed for three adults, but it was actually two adults and one three-year-old.
（昨夜のビュッフェが大人３人分請求されていますが、実際は大人二人と３歳児一人でした）
》 three-year-old とハイフンでつなげることで「３歳児」という名詞になります。このようにハイフ ンでつながれた語を hyphenated word と言います。

I took two cans of beer from the mini-bar.
（部屋の冷蔵庫からビールを２缶取りました）

I didn't make any calls from the hotel room.
（ホテルの部屋の電話は使っていません）

Would you call a taxi? How much does it cost to go to the airport?
（タクシーを呼んでいただけますか？ 空港まではいくらぐらいかかりますか？）

Would you please keep my baggage after I check out?
（チェックアウト後も荷物を預かっていただけますか？）

I'm very satisfied with every aspect of the hotel. The staff were very friendly and pleasant. I'll definitely recommend this hotel to my friends.
（ホテルの全てにとても満足しました。スタッフの方々はとても気さくで感じが良かったです。 絶対にお友達におすすめするわ）

I really enjoyed staying at your hotel. Thank you very much.
（こちらのホテルでの滞在、非常に楽しかったです。ありがとうございます）
》 チェックアウトの最後に言ってみたい一言です。

Chapter 05

関連フレーズ集 チェックイン

What time does the dinner buffet start and end?
》 夜のビュッフェは何時から何時までですか？

Are children allowed in the area?
》 このエリアには子供も入っていいんですか？

Will you keep my baggage until I check in?
》 チェックインするまでカバンを預かってもらえますか？

Is there any chance of checking in earlier than the usual time? I haven't recovered from jet lag yet, and I need to take a quick nap.
》 通常の時刻より早めにチェックインできる可能性はありますか？ まだ時差ぼけがなおっていなくて、ちょっと仮眠をとりたいので。
take a nap で「仮眠をとる／昼寝する」

Could I have some brochures of kids' activities?
》 子供のアクティビティーのパンフレットをいただけますか？
brochure で「パンフレット」、商業用のパンフレットには pamphlet よりも brochure がよく用いられます。

My passport is in one of the bags taken to the room by the porter. I'll bring it later.
》 パスポートはポーターが部屋に運んでくれたカバンの中の一つに入ってます。後で持って来ますね。

They are our friends, so could we have adjoining rooms?
》 彼らは私たちの友達なので隣同士の部屋にしてもらえますか？
adjoining で「隣接する」

Do you have complimentary soap and shampoo in the room?
》 部屋に無料の石鹸とシャンプーはありますか？
complimentary で「無料の」

What's the city's most popular attraction for kids?
》 この街で子供に最も人気のある場所はどこですか？

レストランに到着

「予約時間よりもだいぶ早く着いてしまいました」
英語でなんて言う？

オーダーする

レストランで注文。「どれくらいの量ですか？」
英語でなんて言う？

We arrived much earlier than our reservation time. Can we come in now?
（予約時間よりもだいぶ早く着いてしまいました。もう入ってもいいですか？）

I'm afraid you will have to wait here for about 15 minutes.
（恐れ入りますが15分ほどこちらでお待ちいただくことになります）

How big are the portions?
（どれくらいの量ですか？）

It's pretty small. It serves about two people.
（結構少なめです。二人分くらいですね）

解説

> » **much earlier than ～**で「～よりもだいぶ早く」です。**I'm afraid ～**で「恐れ入りますが～」です。

予約する、席の希望を伝える

I'd like to make a reservation for three people tomorrow night at seven.
(明日夜7時から3人で予約したいのですが)
I was wondering if I could change my reservation to seven thirty. It was originally nine o'clock.(予約を7時半に変更できますか。もともとの予約時刻は9時でした)
I apologize for calling you at the last minute, but I have to cancel my reservation for tonight.
(直前のお電話になってしまって申し訳ないのですが、今夜の予約をキャンセルさせてください)
> » **at the last minute** で「土壇場で」

Hi, I'm here for the 6:15 reservation under the name of Tanaka.
(6時15分に田中で予約しているものです)
I'd like to sit outside. Do you have a terrace table available?
(外の席希望です。テラス席は空いていますか?)

 解説

> » 海外旅行では一度にサーブされる量が日本よりも多いことがよくあるので、ぜひ覚えておきたいフレーズです。メニューを指差して **How big is this?** でも通じますよ。

ソムリエに相談する

I recently tried the 2009 Barolo, and I just loved it. Do you have anything like it?
(最近、2009年のバローロを試してみましたがとても気に入りました。似たようなものはありますか?)
I'm having salmon next, but I definitely want a red wine. What would you suggest?
(次はサーモンをいただくんですが、どうしても赤ワインがいいんですよね。何かおすすめはありますか?)
I generally drink Zinfandel, but tonight I want to try something completely different.
(いつもはジンファンデルを飲むんですけど今夜は全然違うものに挑戦してみたいです)
> » **completely different** で「全然違う」、completely の代わりに totally / entirely を使っても同じ意味です。

関連フレーズ集 オーダーする

We just need a few more minutes, please.
》 もうちょっと待っていただけますか。

Are you ready to order?（ご注文はお決まりですか？）と店員さんに
聞かれた時に使います。

We'd like to order now, please.
》 オーダーお願いします。

I'm allergic to eggs. Can you make this salad without eggs?
》 私は卵アレルギーなんです。卵抜きでこのサラダを作っていただけますか？

I'll have today's special, please.
》 本日のおすすめをください。

「〜をください」は他にも I'll get / take 〜もしくは I'm going to get / have / take 〜などがあります。

If possible, please make it a generous portion.
》 もし可能なら大盛りにしてください。

I will just have tap water, please.
》 普通のお水で結構です。

tap water で「水道水」です。国によっては提供していないかもしれません。Do you offer free water?（無料のお水はありますか？）と聞いてみてもいいかもしれません。

What's the specialty of the house?
》 このお店の名物料理は何ですか？

specialty で「名物料理」、個人で使えば「得意料理」という意味になります。

I would like to have a dish that uses locally sourced ingredients.
》 地元の食材を使った料理をいただきたいのですが。

I'll have one piece of lemon pie to go.
》 レモンパイ一つ、持ち帰りでください。

to go で「持ち帰り／テイクアウト」、「イートイン」の場合は代わりに for here と言ってください。

店員との会話

「写真を撮ってもいいですか?」
英語でなんて言う?

食事中の会話

「チップを払う」
英語でなんて言う?

What a gorgeous cake! Do you mind if I take a picture?

（なんて豪華なケーキなの！ 写真を撮ってもいいですか？）

No, not at all. Would you like me to take a picture so you can be in it with the cake?

（はい、もちろんです。ケーキと一緒にお客様が写れるように私が写真を撮りましょうか？）

How much should we tip? The service was excellent.

（いくらチップを払うべき？ サービスは素晴らしかったよね）

An 18% gratuity is already included in the bill, so we don't need to pay any extra.

（請求額に 18％のサービス料がすでに含まれているから、追加で支払う必要はないよ）

解説

» ⊕ **Do you mind if I ～?** で「～してもいいですか?」です。**Can I ～?** よりも丁寧な言い回しです。
mind は「気にする」という意味なので「いいですよ!」の場合は **No** と返事することに注意が必要です。

» ⊤他にも **give a tip / leave a tip** などと言います。

店員さんとの会話

Could you take these away?
(お皿を下げてもらえますか)
» Could you clear the table? で「お皿を全て下げてもらえますか?」

Can we have the check, please?
(お会計お願いします)
» Check please. だけでも OK です。

This might be someone else's meal. We haven't ordered it.
(違うテーブルの料理だと思います。頼んでいないので)

Do you know if my food is coming soon? I asked for a pizza half an hour ago.
(注文した料理はもうすぐ来ますか? 30分前にピザを頼んだのですが)

Do you have smaller forks and spoons for the children?
(子供用の小さめのフォークとスプーンはありますか?)

Can I have extra plates to share?
(取り皿をいただけますか?)

I'm still working on it.
(まだ食べている途中です)

Could you wrap this up for me to take away, please?
(持ち帰り用にこれを包んでいただけますか?)
» Can I have a doggy bag, please? で「持ち帰り用の容器をいただけますか?」になります。

I loved everything, especially the dessert!
(全部美味しかったです。特にデザートが!)
» especially で「特に」

Thank you for the wonderful meal.
(美味しかったです/ごちそうさまです)

Chapter 05

図解

食べ物と飲み物の数え方
How to Count Food and Drinks

英語の名詞は原則として単数形（例：**a book**）と複数形（例：**books**）があります。
ただ、例外として数えられない名詞（不可算名詞）というものがあり、食べ物に多いんです。
例えばパンという意味の **bread** もその一つです。
one bread, **two breads**... と数えるのではなく、**a slice of bread**（パン1切れ）, **two slices of bread**（パン2切れ）... などと数えます。
代表的な例を見ていきましょう！

- パン2斤（two loaves of bread）
- チーズ1切れ（a slice of cheese）
- 板チョコ1枚（a bar of chocolate）
- コーヒー2杯（two cups of coffee）
- 角砂糖2つ（two lumps of sugar）
- 牛乳1パック（a carton of milk）

● コップ2杯の水
(two glasses of water)

● ワイン1杯 (a glass of wine)

● スプーン1杯の塩 (a spoonful of salt)

● ピザ2切れ (two slices of pizza)

☝ ピザ丸ごと1枚の場合は数えられる名詞になります。
　（例）**I ordered two pizzas.**（ピザを2枚頼んだよ）

関連フレーズ集　食事中の会話

This genuine croissant is delectable!
» この本場のクロワッサンがものすごく美味しい！
delectable で「非常に美味しい」

This food is really Instagrammable!
» この料理、すごくインスタ映えするね！

I miss Japanese food. I've never craved miso soup in my life like this.
» 日本食が恋しい。こんなに味噌汁が飲みたいと思ったのは人生で初めてだよ。
crave 〜で「〜を切望する」

I think this is the best curry I've ever had!
» こんな美味しいカレー食べるの初めて！

Are you sure you can finish all of that?
» 本当に全部食べられるの？

I always have space for dessert!
» デザートはいつも別腹よ！

This restaurant is also highly recommended for wining and dining the clients.
» このレストランは仕事の接待にもイチオシだよ。
wine and dine で「接待する」

I'm full. I think I overate.
» お腹いっぱい。食べすぎちゃったかも。

Let's split the bill.
» 割り勘にしよう。
二人で割る場合は Let's go fifty-fifty on the bill. とも言います。

道を尋ねる

「方向音痴なんです」
英語でなんて言う？

観光

「これは英語でなんて言うの？」
英語でなんて言う？

You say you are bad at directions, but since you have the map app, you have nothing to worry about!
（方向音痴だって言うけどさ、地図アプリがあるんだから問題なくない？）

I have no idea why, but my app also has a poor sense of direction.
（謎なんですけど、私のアプリも方向音痴なんですよね）

What a beautiful beach! Hey, look what I found. What do you call this in English? It's "uni" in Japanese.
（なんて綺麗な浜辺なのー！ ねえ、これ見つけたよ、見て。これは英語でなんて言うの？ 日本語では「ウニ」って言うんだけど）

It's sea urchin in English.
（英語では sea urchin だよ）

解説

» ⊕ **I have no idea why, but ~** で「謎なんですけど～／理由はわからないんですけど～」になります。
» ⊤ **What's this in English?** でも同じ意味です。

観光中に質問する、要望を伝える

Are there any good tourist spots you could recommend around here?
（この辺でおすすめの観光スポットはありますか？）

Would you take a picture of us, please?
（私たちの写真を撮っていただけますか？）

I got soaking wet because of the sudden rain. Is there anywhere I can change?
（いきなり雨が降ってきてびしょぬれになってしまいました。どこか着替えができる場所はありますか？）

» get wet で「ぬれる」、get soaking wet だと「びしょぬれになる」です。

Excuse me, what does this mean?
（すみません、これはどういう意味ですか？）

» わからない表示などを指差して聞いてみてください。

I don't understand the word. Let me look it up in the dictionary. How do you spell it?
（その言葉の意味がわかりません。辞書で調べてみますね。綴りは何ですか？）

I want to stay somewhere with easy access to the theme park.
（遊園地へのアクセスが良い場所に宿泊したいです）

Are we allowed to use the flash in the museum?
（博物館内でのフラッシュ撮影は可能ですか？）

What day of the week is the Farmer's Market held?
（ファーマーズマーケットは何曜日に開催されますか？）

» What day of the week is it? で「今日は何曜日？」、短くして What day is it? とも言います。

Do locals often shop at this store as well?
（地元の人もこのお店でよく買い物するんですか？）

I want to go hiking because I haven't been getting enough exercise during this trip. Do you think I can take my kids with me? The trail is quite steep and rocky.
（この旅行中運動不足なのでハイキングに行きたいんです。子供たちを一緒に連れて行けると思いますか？ 道が結構険しくて岩が多いんですよね）

図解

旅行先で自分だけの
カスタマイズドリンクをオーダー

Customize your drink order!

① Drink Type（ドリンクの種類）

- warm latte（ホットのラテ）
- iced latte（アイスラテ）

② Coffee Type（コーヒーの種類）

- regular（レギュラー）
- decaf（デカフェ）

③ Amount of Espresso（エスプレッソの量）

- single（シングル）
- double（ダブル）
- triple（トリプル）

④ Size（サイズ）

- small size（S サイズ）
- medium size（M サイズ）
- large size（L サイズ）

（お店によっては
Short, Tall, Grande
など呼び方が
変わります）

5 Milk Type（ミルクの種類）

- non-fat milk（無脂肪ミルク）
- low-fat milk（低脂肪ミルク）
- whole milk（普通の牛乳）
- soy milk（豆乳）
- almond milk（アーモンドミルク）

6 Syrup Type（シロップの種類）

- without syrup（シロップなし）
- with chocolate syrup（チョコレートシロップ）
- with caramel syrup（キャラメルシロップ）
- with vanilla syrup（バニラシロップ）

7 Whipped Cream（ホイップクリーム）

- with whipped cream（ホイップクリームあり）
- without whipped cream（ホイップクリームなし）

オーダーの際には①〜⑦までを順番に選んでいくだけ。
例えば…

A warm latte, decaf, small size, almond milk with chocolate syrup, please.
（ホットのラテで、デカフェ、サイズはスモール、アーモンドミルクでチョコレートシロップを入れてください）

Iced latte, medium size, low-fat milk with vanilla syrup and whipped cream, please.
（アイスラテで、Mサイズ、低脂肪乳でバニラシロップとホイップクリームを追加してください）

他にこんなリクエストもできるかもしれません！

I'd like it in my own travel mug.（持参したタンブラーに入れてください）
Please make it extra hot.（通常より熱めで提供してください）
Please reduce the amount of syrup.（シロップ少なめでお願いします）

Chapter 05

関連フレーズ集 ## 観光中に現地の人と会話する

I love it here! I want to live here sometime.
» ここがとても気に入りました！ いつかここに住みたいな。
sometime で「いつか」、sometimes で「時々」、意味が異なるので注意。

This is my first time abroad.
» 今回私にとって初めての海外です。
abroad で「海外に／へ／で」

I went from museum to museum today. The Orsay Museum was the best.
» 今日は美術館巡りをしました。オルセー美術館が最高だったな。

Great view! I can't believe it's only an hour from the airport!
» 最高の眺め！ 空港からたった1時間だなんて信じられないわ！

My guidebook says that the ice cream shop is closed on Mondays.
» そのアイス屋さんは月曜定休だと僕のガイドブックに書いてあります。
closed on Mondays で「月曜日が定休日の」

I just exchanged yen into dollars here, and the rate was terrible.
» 先ほどここで円をドルに両替したのですがレートが最悪でした。

It's interesting that the colors of the ocean are completely different from those in Japan.
» 日本の海とここの海とでは色が全然違うのが興味深いですね。

It was worth the time and effort to come all the way here.
» わざわざここまで来た甲斐がありました。

Today may be the highlight of this trip!
» 今日がこの旅のハイライトかもしれません！
「ハイライト」は英語でも highlight、「一番重要な部分」として使われます。

Chapter 05

How were the pants? They're decorated with seashells from the beach in this town.
（パンツはいかがでしたか？ この町の ビーチでとれた貝殻があしらわれている んですよ）

They were pretty good. I need some more time to consider.
（とても良かったです。もうちょっと 考えます）

Excuse me. What's the difference between these two?
（すみません。この二つの違いは 何ですか？）

The wine on the left is more fruity. The other one is quite heavy.
（左側のワインはよりフルーティーですね。もう 一つは結構重めです）

» 𝔢断る時は **They are too big for me.** と具体的な理由を告げるのも良いです。特に難点がない場合は他にも **I'll come back some other time.**（またいつか来ます）や **I'd rather not.**（やめておきます）と伝えてもいいでしょう。

» 𝔣 **What's the difference between A and B?** で「AとBの違いは何?」よく使うフレーズです。

店員さんと会話する

Just browsing, thanks!
（店内を見ているだけなので大丈夫です。ありがとう！）
» May I help you? と店員さんに尋ねられた時に便利な一言です。

I'd like the wrapping in red.
（包装紙は赤でお願いします）

Either color of the ribbon is fine.
（リボンの色はどちらでも構いません）
» これは色が2択の場合の答え方です。3択以上の場合は either の代わりに any を使います。

I'm looking for a blanket two meters wide and one and a half meters long.
（幅2メートル、長さ1.5メートルの毛布を探しているのですが）
» ちなみに「奥行き20センチ」は 20 centimeters deep です。

It's nice, but I only wish it was a little cheaper.
（素敵ね、でももう少し安ければ言うことないんだけど）

I'm having trouble finding the right size for my kid.
（うちの子にぴったりのサイズを見つけるのに手間取っているんです）
» I'm having trouble ～ing で「～するのに手間取っています」

I'll take it.
（それにします）

Please show me the same product in a few different colors.
（同じ商品の違う色のものをいくつか見せてください）

I'd like to return this product because it's damaged. Can I get a refund?
（傷がついていたのでこの商品を返品したいです。返金を受けられますか？）

The skirt I bought the other day was too small. I'd like to exchange it for a bigger size. The tag is still on.
（先日買ったスカートは小さすぎました。大きいサイズに交換したいです。タグはまだ付いたままです）

関連フレーズ集 店員さんに質問する

Can you wrap it up as a gift?
≫ プレゼント用に包んでもらえますか？

Do you accept credit cards?
≫ クレジットカードは使えますか？
Do you take credit cards? とも言います。

Could I have a receipt, please?
≫ 領収書をいただけますか？
海外ではレシート＝領収書のところが多いです。日本で言う「レシート」をお願いする時に使います。

Do you have one that is slightly smaller?
≫ あとほんの少しだけ小さいものはありますか？

Can you give me a discount?
≫ 値引きしてもらえますか？
Can you lower the price? などでも OK です。

Do you have the same design in blue?
≫ 同じデザインで青はありますか？

I'll come back later. What time do you close?
≫ 後で戻ってきますね。お店は何時までやっていますか？
What time do you open? で「何時に開店しますか？」です。

Where is the stationery section?
≫ 文房具売り場はどこですか？

Can I try this on?
≫ これを試着してもいいですか？
fitting room で「試着室」です。

買い物中のおしゃべり

「量り売りだよ」
英語でなんて言う？

買い物中のおしゃべり

「レジ袋」
英語でなんて言う？

Chapter 05

This pork costs only two dollars! Prices are much lower in this country compared to Japan...

（この豚肉たった2ドルだ！　日本に比べてこの国はかなり物価が安いなあ…）

It's sold by weight! It's two dollars per 100 grams!

（量り売りだよ〜！　100グラム2ドルだって！）

$2

Do they charge customers for plastic bags in Japan as well?

（日本でもレジ袋は有料なの？）

Yes, that's why I purchased this reusable shopping bag. Isn't this cute? It's foldable!

（うん、だからこのエコバッグを買ったんだ。かわいいでしょ？　折りたためるのよ！）

解説

> » ㊤ **per ～** で「～につき」です。～部分は冠詞の **a** をつけないことに注意です。
>   （例）**This cheese is 150 grams per piece.**（このチーズは一切れ１５０グラムです）
> » ㊦ **charge A for B** で「A に B を請求する」

買い物中の友達との会話

I don't think you can afford it. How much money do you have left?
（高すぎて買えないと思うよ。あと残りどれくらいお金持ってるの？）

I admire this brand because they don't test on animals.
（このブランドは動物実験をしないからすごいと思う）
» admire で「称賛する」

We don't have these kinds of patterns in Japan.
（日本にはこういう模様は売ってないな）
» 規則的な模様は pattern、規則的でない場合は design などを使います。

I love the atmosphere in this shop.
（このお店は雰囲気がとてもいいね）
» atmosphere で「雰囲気」

They went out of business!! Where else can I get a birthday present for my niece?
（お店が潰れてる！ 姪っ子の誕生日プレゼント他にどこで買えるかな？）
» niece で「姪」、「甥」は nephew です。

I'd like to go shopping. Is there a place where I can purchase Balinese crafts?
（ショッピングに行きたいです。バリの工芸品が購入できる場所はありますか？）

I think this would look nice on my mom. What would you say?
（これうちのお母さんに似合うと思うんだけど。どう思う？）

Are you sure you really want one? Even if it costs 150 dollars?
（それ本当に欲しいの？ １５０ドルだとしても？）

Where did you find it? I want exactly the same one!
（それどこで見つけたの？ 私も全く同じのが欲しい！）

Which one do you think is better?
（どっちの方がいいと思う？）
» 三つ以上の選択肢の場合は Which do you think is the best? などと言います。

関連フレーズ集 **買い物中の雑談**

This isn't something you can buy on a whim! Look at the price tag!
» 気まぐれで買えるようなものじゃないよ！ 値札を見てみて！
on a whim で「気まぐれで」

This is what I like about shopping offline. You can actually touch the product to get a better idea of overall quality.
» これがオフラインでの買い物のいいところよね。実際に商品を触ってみて、全体的な品質を確かめることができるもの。

Enough of impulse buying! We need to make more conscious choices based on what we really need.
» 衝動買いはもうたくさん！ 私たち、本当に必要かどうかをもっと意識して選ばないと。
impulse buying で「衝動買い」、Enough of ～！で「～はもうじゅうぶん！／～はもういい！」

It's similar to kokeshi, Japanese wooden dolls.
» コケシという日本の木の人形に似てるな。
be similar to ～で「～に似ている」

It's quite reasonable.
» かなり手頃な値段だね。

I could stare at this all day.
» これなら一日中見つめていられるわ。

This is what I've always wanted!
» これずっと欲しかったのだ！

All of the bags here are discounted by 30 percent!
» ここの全てのカバンが３０％オフだって！

Is there anything in particular you want to buy?
» 何か特に買いたいものはある？
anything in particular で「何か特に」

通話

「携帯料金」
英語でなんて言う？

インターネット

「ビデオ通話する」
英語でなんて言う？

I'm worried about my cell phone bill this month.
（今月の携帯料金が心配だよ）

That's because you are making too many phone calls. You are crazy about your girlfriend in Japan.
（電話かけすぎなんだよ。君、日本にいる彼女に夢中だもんな）

Let me video chat with my parents in Japan! I want the camel in the background!
（日本にいる両親とビデオ通話させて！ 背景にあのラクダ入れなくちゃ！）

Are you out of your mind? The pyramids over there are far more suited for the background!
（え？ 正気なの？ あそこのピラミッドの方がよっぽど背景としてふさわしいでしょうが～！）

» ㊤ **bill** で「請求書」です。**make a phone call** で「電話をかける」、**be crazy about 〜**で「〜に夢中」という意味です。

» ㊦ **make a video call** とも言います。
in the background で「背景に」です。
be out of one's mind で「正気じゃない」という意味で、親しい間柄で使われるくだけた表現です。**be suited for 〜**で「〜にふさわしい」という意味です。

💬 **旅行先で使う携帯関連のフレーズ**

I have something to tell you. Can I call you on Skype for a bit?
(話したいことがあるの。スカイプで少しだけ電話してもいい？)
》 Can we Skype for a minute? / Can we talk a little over Skype? などとも言います。

You can call me anytime!
(いつでも電話ちょうだい！)

The signal might not be good here. I'm calling you from deep in the mountains.
(電波が悪いかもしれない。今山奥から電話かけてるの)

The reception is better now. I can hear you clearly. Can you hear me?
(電波が良くなったよ。はっきり聞こえる。あなたも聞こえる？)
》 signal と reception どちらも「(携帯の)電波」の意味があります。

I can barely hear you. I wonder if the problem is on my side.
(ほとんど聞こえないよ。こちら側の問題かなあ)

We say "moshi moshi" in Japan when making or answering a phone call. What do you say in your language?
(電話をかけたり取ったりする時日本では「もしもし」と言います。あなたの言語ではなんて言いますか？)

Can I make an international call with a pay phone?
(公衆電話から国際電話ってかけられるのかな？)
》 make an international call で「国際電話をかける」

I had two missed calls from Japan during the musical.
(ミュージカルの間に日本からの不在着信が2回あったよ)
》 missed call で「不在着信」

関連フレーズ集　旅行先で使うインターネット関連のフレーズ

Do you have free Wi-Fi here?
» ここには無料 Wi-Fi はありますか？

What is the password for the Wi-Fi?
» Wi-Fi のパスワードはなんですか？

The Wi-Fi is down again. Will it be back on soon?
» また Wi-Fi が切れたよ！ すぐに戻るかな？

So, I can be connected to the internet no matter where I am if I have this palm-sized device in my pocket.
» この手のひらサイズの装置をポケットに入れておけば、どこにいてもネットにつながるということですね。

palm-sized で「手のひらサイズの」

Why is my internet so slow?
» なんで私のネットの接続はこんなに重いの？

I posted pictures of Niagara Falls on social media a while ago, but I got only two likes so far...
» 少し前にナイアガラの滝の写真をソーシャルメディアに投稿したのだけど、今のところ「いいね！」は二つだけ…

a while ago で「少し前に」

If you go live on Instagram now, no one in Japan will notice it because of the time difference.
» 今インスタライブをやってもさ、時差があるから日本のみんなは誰も気付かないよ。

go live on Instagram で「インスタライブをする」

Where do I insert this prepaid SIM card?
» このプリペイド SIM カードはどこに入れればいいの？

My internet connection isn't stable.
» ネットの接続が不安定だな。

盗難・紛失・詐欺

「すごく困ってます」
英語でなんて言う？

盗難・紛失・詐欺

「クレジットカードを無効にしてもらえますか？」
英語でなんて言う？

I'm in big trouble. Someone might have stolen my purse.
（すごく困ってます。誰かに財布を盗まれたかもしれません）

When and where was the last time you saw it?
（最後に見たのはいつどこでですか？）

My credit card has been stolen. I'd like to cancel my card to prevent fraudulent use.
（クレジットカードを盗まれてしまいました。不正利用を防ぐためにクレジットカードを無効にしてもらえますか）

Certainly. May I have your card number, please?
（承知しました。カードの番号を教えていただけますか）

解説

» ⊕ **Someone might have 〜 .** で「誰かが〜したかもしれない」です。
» ⊖他にも **Could you invalidate my credit card? / Please close my credit card.** などと言います。

💬 物がなくなった時のフレーズ

How long will it take to receive my baggage?
(荷物はいつ頃受け取れますか？)
Could you send my baggage to ABC Hotel as soon as it arrives?
(荷物が到着したらすぐに ABC ホテルに送っていただけますか？)
I won't be in this city by the time my baggage arrives. I'll be in Belgium.
(荷物が届く頃には私はこの街にいないんですよね。ベルギーにいるんですよ)
My passport is missing!
(パスポートがない！)
The last time I saw that camera was yesterday on the way home.
(最後にあのカメラを見たのは昨日の帰り道です)
I might have left it in the cab.
(タクシーの中に置いてきてしまったのかもしれないです)

詐欺を通報する

The credit card that has been stolen is an Amex card, and it's still in my maiden name. It expires in August 2024.
(盗まれたクレジットカードはアメックスのもので、まだ旧姓のままになっています。有効期限は２０２４年の８月です)
》 maiden name で「旧姓」
The address in this brochure doesn't exist.
(このパンフレットの住所は実在しないんです)
They demanded money for services I hadn't signed up for.
(契約していないサービスのためにお金を要求されました)
I handed him my camera because the man offered to take a picture of us together, but instead of taking a picture, he ran off with the camera!
(男が私たちの写真を撮ると言ってくれたのでカメラを渡したのですが、写真を撮らずにカメラを持って逃げてしまいました！)
》 run off で「逃げる」

関連フレーズ集 **スリの通報、取り調べ**

My passport has been stolen.
》 パスポートが盗まれてしまいました。

Someone pickpocketed my wallet while I was on the train.
》 電車でスリに財布を盗られたんです。
A pickpocket took my wallet while I was on the train. でも同じ意味です。

My bag is green, made of leather, and twice as big as my cell phone.
》 私のカバンは緑色の革製で、私の携帯の2倍の大きさです。

It was about this big.
》 これぐらいの大きさでした。
手で大きさを示しながら使うフレーズです。少しくだけた言い方ですがとてもよく使います。

I had about 200 dollars in cash in my wallet.
》 お財布の中には200ドルほどの現金が入っていました。

I need a certificate of theft for an insurance claim.
》 保険申請のために盗難証明が必要です。
insurance claim で「保険申請」、certificate of theft で「盗難証明」

By the time I realized that my purse was missing, the pickpocket was long gone.
》 財布がなくなっていると気付いた時にはスリはとっくにいなくなっていました。
long gone で「ずっと前に去っていた」

Is there any hope of getting it back?
》 戻ってくる望みは少しでもありますか？

The pickpocket was about this tall, and he looked to be in his late 40s.
》 スリはこれくらいの背の高さで40代後半に見えました。

盗難・紛失・詐欺

旅先でロストバゲージ「荷物が出てきませんでした」
英語でなんて言う？

盗難・紛失・詐欺

「バッグを開けっぱなしにする」
英語でなんて言う？

My baggage didn't come out. It's dark blue with a big Kappa key chain on it. A Kappa's a green Japanese monster with a plate on his head.

（私の荷物が出てきませんでした。紺色で大きなカッパのキーホルダーが付いてます。カッパというのは頭にお皿をのせた緑色の日本の妖怪です）

Let me see if there's anything left inside.

（中にまだ残っているか見てきますね）

You left the bag open? That's like allowing a pickpocket to steal things from you.

（バッグを開けっぱなしにしてたの？ それじゃあスリに盗んでくださいって言っているようなものだよ！）

I shouldn't have left it open...

（カバンを開けっぱなしにすべきじゃなかったな…）

解説

- » ⊕旅行前にカバンやスーツケースの特徴を説明できるようにしておくといいですね。
  例文の **a big Kappa key chain** の代わりに **a pink belt**（ピンクのベルト）、**a big sticker with an illustration of a girl**（女の子のイラストの大きめのステッカー）など具体的な特徴を伝えると判別しやすいです。
- » ⊕ **shouldn't have 〜**で「〜すべきでなかった」、〜部分には動詞の過去分詞が来ます。

 スリや怪しい人に遭遇した時のフレーズ

Help! That guy just stole my bag!

（助けて！ あの人にカバンを盗られました！）

» Help! Thief!（助けて！ 泥棒！）だけでもいいので、大きな声で周りに知らせましょう。

Call the police!

（警察を呼んでください！）

Someone, catch him / her! Please!

（誰かあの人を捕まえて！ お願いします！）

I'm not injured, but my bag was taken!

（怪我はありません。でもカバンが取られてしまいました！）

I'm not interested. Will you excuse me?

（興味ありません。失礼します）

Please stop, or I will call 911.

（やめてください。でないと警察を呼びますよ）

» ９１１はアメリカの１１０番。イギリスの場合は９９９です。call the cops / call the police と言ってもOK です。

I don't have the slightest desire to buy it. It's a waste of time for you and me.

（それを買う気はこれっぽっちもありません。あなたにとっても私にとっても時間の無駄です）

» the slightest desire で「最小単位の欲求」です。それすらないので「買う気は全くない」という意味になります。

Like I said, I don't want any.

（先ほども言った通り、どれも欲しくありません）

» Like I said... で「先ほども言いましたが…」

関連フレーズ集 詐欺を疑う時のフレーズ

Why do I have to give you my credit card number? I need a convincing explanation.
≫ どうしてあなたに私のクレジットカードの番号をお伝えしないといけないのですか? 納得のいく説明をください。

Are you really an employee of this hotel? May I see your identification?
≫ あなたは本当にこのホテルの従業員ですか? 身分証明書を見せてくださいますか?

I have no recollection of purchasing such an expensive carpet.
≫ そのような高価な絨毯を購入した覚えはありません。
have no recollection of ～で「～の記憶がない」

That's an exorbitant price!
≫ それは法外な値段ですね!
exorbitant で「法外な」

I have no intention of signing that contract.
≫ その契約書にサインする気は全くありません。

I'm a minor so I don't have the right to sign the contract.
≫ 私は未成年なので契約する権利がありません。
the right to ～で「～する権利」

Please give me a little more time. I will discuss it with my wife.
≫ もうちょっと時間をください。妻と話し合います。

That's personal information. I can't tell you.
≫ それは個人情報です。教えられません。

There's something wrong with the meter. The fare is increasing at a much faster rate than normal.
≫ そのメーターおかしいですね。通常よりずっと早く運賃が上がっています。
タクシーの詐欺を疑う時に使えるフレーズです。

車のトラブル

「スピード違反で捕まった」
英語でなんて言う？

病院に行きたい

「気分がすぐれません」
英語でなんて言う？

I got caught speeding...
（スピード違反で捕まった…）

Poor you! How much was the fine?
（そりゃ気の毒に！ 罰金いくらだった？）

I don't feel well. Do you mind if I take a break?
（気分がすぐれません。休憩してもいいですか？）

Not at all. The high altitude here makes it hard for most tourists to breathe. Take a slow, deep breath.
（もちろんです。ここは標高が高いので観光客の方の多くは息が苦しくなります。ゆっくり深呼吸してみてください）

» 他にも **I got a speeding ticket. / I got pulled over speeding.** などの言い方があります。

車関係のトラブル

I was almost hit by that car!（もう少しであの車にひかれるところだったよ！）
The car completely ignored the traffic light.（あの車が完全に信号無視したのよ）
» run a red light でも「赤信号を無視する」という意味になります。
I accidentally stepped on the gas instead of the brake.
（間違えてブレーキの代わりにアクセルを踏んでしまいました）
» step on the brake で「ブレーキを踏む」です。
It's a traffic jam due to a car accident.（事故渋滞だね）
The car won't start.（エンジンがかからない）
The car battery has gone bad.（車のバッテリーがあがってしまった）
My car has a flat tire.（車のタイヤがパンクしてしまいました）
I think you bumped into my car and made this tiny dent and scratch right here.（あなたの車が当たって私の車のここに小さなへこみと傷ができたのだと思います）

» 他にも **I feel ill. / I feel lousy. / I feel sick.** などと言います。「気分が良くなってきた」は **I'm feeling better.** です。
» **altitude** で「標高」です。

 病院に行きたい時のフレーズ

I broke my leg from falling down the stairs.
（階段から落ちて脚を折ってしまいました）
» 「脚を骨折した」は I fractured my leg. とも言います。
My son has a high fever. Can you please tell me where pediatrics is?
（息子が高熱を出しました。小児科はどちらにありますか？）
» eye doctor で「眼科医」、dermatologist で「皮膚科医」、OB-GYN で「産婦人科医」（obstetrician and gynecologist の略）
I'm allergic to pollen. I need to go to an ENT.
（花粉症なんです。耳鼻科に行かなくちゃ）
» ENT は ear, nose and throat それぞれの頭文字です。
Call an ambulance!（救急車を呼んでください！）

図解

運転にまつわるフレーズ
Phrases Related to Driving

● **fasten the seatbelt**
（シートベルトをしめる）

（例）**Fasten your seatbelt.**
（シートベルトしてね）

》**buckle up** でも「シートベルトをしめる」という意味になります。

● **slow down**
（減速する）

（例）**You are scaring me! Can you slow down?**
（あなたの運転怖いよ！ スピード落としてくれる？）

● **overtake**
（追い越す）

（例）**Let's overtake the car in front of us.**
（前の車、追い越しちゃおう）

● **fall asleep at the wheel**
（居眠り運転する）

（例）**I almost fell asleep at the wheel.**
（居眠り運転しそうになっちゃった）

● **back up**
（バックする）

（例）**You can back up a bit further!**
（もう少しバックできるよ！）

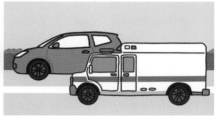

● **tailgate**
（煽り運転する）

（例）**Look in the rearview mirror! The car behind us is tailgating us.**
（バックミラー見てみて！ 後ろの車にあおられてるよ）

● **pull over**
（道路のわきに停車する）

（例）**Let's pull over. The ambulance is coming.**
（道路のわきに停車しよう。救急車が来る）

● **blinker**
（ウィンカー）

（例）**Put on your blinker if you want to turn right.**
（右折したいならウィンカーを出して）

● **hazard lights**
（ハザードランプ）

（例）**Excuse me. You've left your hazard lights on.**
（すみません。ハザードランプがつけっぱなしですよ）

● **door not closed all the way** （半ドア）

（例）**The door is not closed all the way. Can you try again?**
（半ドアになってる。もう一度閉めてみて）

関連フレーズ集　その他様々なピンチ

I forgot to buy travel insurance! Is it too late when we are already abroad?
》 旅行保険に入るの忘れてた! 海外に来てからじゃもう遅い?

I missed my flight! Can I book the next flight?
》 飛行機に乗り遅れてしまいました! 次の便を予約できますか?
「乗り遅れた」の場合は miss を使います。乗り物以外にも TV 番組を「見逃した」場合などにも使えます。

The musical I've been planning to see is fully booked.
》 見ようと思っていたミュージカルが満席になってしまった。

I totally forgot my passcode for the safe.
》 金庫の暗証番号を完全に忘れてしまった。

The power went out!
》 停電だ!
他にも We have a blackout. / It's a power outage. など色々な言い方があります。

This bus is heading in the opposite direction of our destination.
》 このバス、私たちが行きたいところとは反対方面に向かってる。

I got excited and bought a lot of unusual seasonings, but when I came to myself I remembered that I don't cook at all.
》 テンションが上がって珍しい調味料をたくさん買ったけど、私は料理を全くしないってことを我にかえってから思い出したわ。
come to oneself で「我にかえる」

I took many English lessons for this trip, but I can't communicate at all.
》 この旅行のために英語のレッスンをたくさん受けたのに、全然通じない。

I couldn't buy alcohol because they thought I was underage. I'm already in my 30s!
》 未成年だと思われてお酒を買えなかった! もう私30代なのに!

病院にて

「生理痛」
英語でなんて言う？

病院にて

「背中に発疹ができた」
英語でなんて言う？

Are you on any sort of medication?

（現在服用中の薬はありますか？）

I don't have a chronic disease, but I took painkillers last night because my period cramps were unbearable.

（持病はないのですが、生理痛に耐えられなかったので昨夜痛み止めをのみました）

I have a rash on my back. It is sooo itchy!

（背中に発疹ができました。とてもかゆいです！）

Have you eaten or touched anything you are allergic to?

（アレルギーのあるものを食べたり触ったりしましたか？）

05-82

解説

» ㊤生理痛は **period pain** とも言います。**unbearable** は「耐えられ ない（ほどひどい）」という意味で身体的痛み以外に精神的な苦痛など にも使います。

症状を説明する

It's so painful! / It hurts so much!
（すごく痛い！）

I feel dizzy. Could you grab me a cup of water?
（めまいがするんです。お水を一杯持ってきてもらえますか？）

I feel like throwing up. / I think I have a fever.
（吐きそうです／熱がある気がします）

I have a headache.
（頭が痛いです）

» 他にも stomachache で「腹痛」、toothache で「歯の痛み」です。

I have a sore throat. / I have diarrhea. / My joints are aching. / I have a cramp in my leg.
（喉が痛いです／下痢です／関節が痛いです／脚がつりました）

It's itchy. / It's numb. / It stings.
（かゆいです／感覚がないです／ヒリヒリします）

I've had chills all day but they are not accompanied by any other symptoms.
（終日寒気がしていましたが、他に症状がないんです）

» be accompanied by 〜で「〜を伴う」、symptom で「症状」

My tooth filling fell out, and it's killing me.
（歯の詰め物が取れてしまって死ぬほど痛いです）

» It's killing me. は直訳すると「それに殺されかけている」ですが、それほど痛いもしくは辛い時に使います。

The coughing won't stop.
（咳が止まりません）

» I can't stop coughing. でも同じ意味です。

 Chapter 05

関連フレーズ集 病院でのその他のフレーズ

How long will it take to recover?
» 治るまでにどれくらいかかりますか？

The doctor told me that it'll take 2 months to fully recover.
» 全治2ヶ月だと医者から言われました。

I threw out my back.
» ぎっくり腰になっちゃった。

throw out one's back で「ぎっくり腰になる」

I strained my neck because I was sleeping in the same position without turning over.
» 寝返りをうたずに同じ姿勢で寝ていたので首を痛めてしまった。

strain は無理をして体の一部を痛めた時に使います。I hurt my neck とも言います。

It's unlikely, but I may be pregnant.
» 可能性は低いですが妊娠しているかもしれません。

How many times a day should I take this medication? Are there any side effects?
» 1日に何回この薬を服用すれば良いですか？ 副作用はありますか？

medicine と medication はどちらも「薬」なのですが、処方される薬の場合は medication を使うのが一般的です。

I need a prescription for antibiotics.
» 抗生剤を処方して欲しいです。

prescription で「処方せん」、antibiotics で「抗生剤」

I have diabetes, so my blood pressure is always high.
» 糖尿病なのでいつも血圧は高めです。

I have chronic asthma.
» 喘息持ちです。

chronic で「慢性の」、asthma で「喘息」

「スピーキング力をつけるにはどうしたら良い？」

英語で話せる相手がいて、間違いを気にせずに自分の伝えたいことをどんどん言える人は例外なく凄まじいスピードで英会話の力が伸びていきます。

ただ、多くの人はこの２つをかね備えていないですよね。私もそうでした。インターナショナルスクールという英語学習には絶好の環境にいながら、完璧ではない自分の英語を皆にさらす勇気がありませんでした。

そんな時に私を助けてくれたのが独り言英語です。

今日の出来事、明日の予定、自己紹介、今食べたいもの……。
題材はなんだって良いので、とにかく英語で独り言を言うのです。
題材が思いつかない場合は視界に入るもの全てを実況中継しても良いですね。

私が独り言英語をおすすめするとよく**「間違えちゃったらどうするの？」**という質問をいただきます。
ここで私は声を大にして言いたいです。

独り言を言う時は間違った英語でも全く問題がありません！！

私もよくこの練習をしていたのでわかるのですが、実際に外国人と話す時よりも、独り言英語の時の方が圧倒的に上手いのです。使う語彙は豊富だし、堂々としているし……。

独り言英語は恥をかかずに最高のパフォーマンスを出せる唯一の場だと思っています。今のあなたの能力で発揮できる**「最高到達点」**を少しずつ上げていく訓練です。
どうか、完璧を求めずに、たくさんたくさん話してみてください。

Chapter

06

Chapter 06

外国人をもてなす

日本に住んでいるとあまり気にすることがないかもしれませんが、外国から見て日本の文化はとても神秘的で興味深いものです。わざわざ日本を訪れる外国人であれば、日本についてなおさら興味津々でしょう。

「義理チョコって何？」「言霊って何？」「いただきますって何？」私たち日本人にとっては当たり前のことをあえて言語化し、しかも英語で表現するのは至難の業です。なるべく簡単な表現で誤解なく伝えられるフレーズを選びました。

日本を訪ねてくる外国人のお友達がいなくても、外国人観光客に突然道を聞かれる可能性は誰にだってあります。道案内で使うフレーズだけでも覚えておくと、いざという時に役立ちます。

電車

「3番線から10:30発の千葉行きに乗ってください」
英語でなんて言う？

バス

「あと5分でバスが到着します」
英語でなんて言う？

Chapter 06

Excuse me, how can I get to Chiba Station?

（すみません。千葉駅にはどうやったら行けますか？）

Take the 10:30 train for Chiba from Platform 3.

（3 番線から 10:30 発の千葉行きに乗ってください）

Excuse me, is this where I should be waiting if I want to go to Kamakura?

（すみません。鎌倉に行くにはここで待っていればいいですか？）

Yes, that's right. The bus will arrive in five minutes.

（はい、そうですよ。あと 5 分でバスが到着します）

解説

» 「10:30 発の千葉行きの電車」は他に
the train leaving at 10:30 heading toward Chiba
the Chiba bound 10:30 train
など様々な言い方があります。

💬 電車にまつわるフレーズ

This is a women only car. You might want to move to another car in the train.
（ここは女性専用車両ですよ。他の車両に移った方が良いと思います）
» women only car で「女性専用車両」、「車両」は car を使います。
You'll have to wake up at four thirty if you want to catch the first train tomorrow morning.（明日の朝始発に乗りたいのであれば４時半には起きないといけませんね）
Here comes the bullet train!（新幹線が到着しますよ！）
» bullet train で「新幹線」
It's four stops to Shinjuku on the Chuo Line.（新宿駅は中央線でここから４番目の駅です）
Is this your first time to see the commuter rush in Japan?
（日本の通勤ラッシュを見るのはこれが初めてですか？）

💬 バスにまつわるフレーズ

解説

People from right-driving countries tend to get confused on which side of the street to wait for the bus.
（車両が右側通行の国の人は、道のどちら側でバスを待つかで混乱することがよくありますね）
You pay the fare when getting on the bus. / You pay the fare when getting off the bus.
（バスに乗車する時に運賃を払います／バスから降りる時に運賃を払います）
There's a ticket you take when you get on the bus, and the number on the ticket will tell you how much you should pay when getting off.
（バスに乗車する時に取るチケットがあって、そこに書いてある番号で降りる時に払う運賃がわかります）
This bus is always on time. It arrives every 15 minutes.
（このバスはいつも時間通りなんです。15 分ごとに来ます）
» on time で「時間通り」
Let's wait for the next bus. This one is way too crowded.
（次のバスを待ちましょうか。このバスは混みすぎています）
» way too 〜で「〜すぎる」

 Chapter 06

関連フレーズ集 日本の交通機関についてもっと説明しよう

This is an IC card called Suica. You can just tap it at the ticket gate instead of purchasing a ticket.
>> これはスイカという IC カードだよ。切符を購入せずにこれを改札口でかざせばいいのよ。

ticket gate で「改札口」

You need to buy a limited express ticket in addition to a basic fare ticket if you get on a limited express.
>> 特急に乗るなら普通乗車券に加えて特急券を買う必要があるよ。

limited express で「特急」

Weekday timetables and weekend timetables are sometimes entirely different.
>> 平日の時刻表と週末の時刻表は全然違うことがあるよ。

Press the button to let the driver know that you are getting off at the next bus stop.
>> 次のバス停であなたが降りることをボタンを押して運転手に知らせるのよ。

Be careful! Hold onto the strap!
>> 気をつけて！ つり革につかまって！

Please take this seat.
>> どうぞ、座ってください。

Get on the bus from the rear door and get off at the front.
>> あのバスは後ろの扉から乗って、前から降りるんですよ。

rear で「後部の」

Let's not sit here. These are priority seats.
>> ここに座るのはやめておこう。優先席だ。

This transportation app is useful if you want to figure out which train to take.
>> どの電車に乗ればいいのかを把握したい時はこの交通機関アプリが便利だよ。

歩き

突然の道案内。「近いので一緒に行きますよ」
英語でなんて言う？

おすすめのルート

「もし僕が君なら電車で行くな」
英語でなんて言う？

Excuse me, where is Senso-ji?
（すみません。浅草寺はどちらでしょう）

It's quite close to here. Let me take you there.
（近いので一緒に行きますよ）

I would go there by train if I were you! Drinking beer on the beach is the top priority!
（もし僕が君なら電車で行くな！ビーチでのビールは絶対に譲れないでしょう！）

Yeah, but driving along the coast with Lucy sitting next to me is something I've dreamed of for a long time, you know?
（まあね。でもルーシーを隣に乗せて海沿いをドライブするのがずっと夢だったんだよ。わかる？）

解説

» 他にも、**I will take you there. / I will go with you.** などでも大丈夫です。

💬 突然の道案内で使えるフレーズ

It's somewhere around here. There it is!（ここら辺なんですよね。あそこにあった！）
Can I see your map for a second? Oh, it's right at the bottom of the slope.
（ちょっと地図見せてもらえます？ ああ！ ちょうどこの坂のふもとにありますよ）
It's on the other side of the street. Do you see the blue building over there?
（この道の反対側なんですよ。あそこの青い建物見えますか？）
The library is just around the corner.（図書館はこの角を曲がってすぐです）
Turn right at the junction called Aoyama 1-chome.
（青山一丁目という交差点で右に曲がってください）
Go straight until you see a post office and then turn left.
（真っ直ぐ進んで郵便局のところで左に曲がってください）
Go straight for two blocks and turn right.
（2ブロック進んでから右に曲がってください）

解説

» **if I were you** で「もし私があなたなら」です。あり得ない想定をする場合は **was** ではなく **were** を用います。**the top priority** で「最優先事項」です。

おすすめの行き方を提案してみる

Take the stairs over there. That elevator takes hours to arrive.
（あそこの階段を使った方がいいよ。あのエレベーターはものすごく待つから）
» take hours は直訳すると「何時間もかかる」ですが少しくだけた会話では「とても時間がかかる」ことをこのように大げさに言ったりします。
You can't go there by car. You'll have to walk.（そこは車では行けないよ。歩くしかないよ）
You should avoid this hiking course at this time of year no matter what.
（このハイキングコースは今の季節、何があっても通らない方がいいですよ）
Either way is fine, but the slope is less bumpy this way.
（どっちでも行けるけどこっちの方が坂ででこぼこしてないですよ）
Come back earlier than 4 o'clock, or you'll be stuck in traffic.
（渋滞で身動きがとれなくなるから4時前には帰ってきた方がいいよ）

Chapter 06

関連フレーズ集 **道を教えた後に付け加えてみたいフレーズ**

Hope you find your way there!
≫ 無事たどり着けるといいですね！

It's hard to find, isn't it? The Japanese subway system is so complicated.
≫ 見つけにくいですよねー。日本の地下鉄はとても複雑ですもんね。
`complicated で「複雑な」`

Just in case, it's above ground and not underground.
≫ 念のためお伝えしておくと、その場所は地下じゃなくて地上にありますからね。
`just in case で「念のため」`

It takes about 40 minutes to get there.
≫ そこまでだいたい 40 分くらいかかります。
`It takes A to get to B で「B に行くには A を要する」、A には時間や金額などが入ります。`

Make sure to purchase your tickets beforehand. The tickets might be sold out.
≫ 事前にチケットを買っておくことをおすすめします。売り切れてしまうかもしれないので。

You can't miss it. It's huge and quite noticeable.
≫ 行ったらすぐにわかりますよ。ものすごく大きくて結構目立つんで。
`この場合の miss は「見過ごす」、noticeable で「目立つ」`

Enjoy your stay in Japan.
≫ 日本での滞在楽しんでください。

If you are visiting Kiyomizu-dera Temple, I would also recommend Kodai-ji Temple, which is just 15 minutes away.
≫ 清水寺に行くのであればそこからわずか15分で行ける高台寺もおすすめですよ。

That's a great choice!
≫ 良い選択ですね！
`choice で「選択」`

観光案内中の会話

「前回日本に来たのはいつですか?」
英語でなんて言う?

観光案内中の会話

「まずは目で味わって」
英語でなんて言う?

解説

» ⓓ **enjoy with your eyes first** でもいいですね！
» ⓓ **don't tell me 〜**で「まさか〜じゃないよね」です。

観光案内中の会話

Should I come and pick you up when you are done shopping?
（あなたの買い物が終わったら迎えに来ましょうか？）

Would you rather rest in your hotel room than go sightseeing? You must be tired after the long flight.
（観光に行くよりホテルの部屋で休みたいですか？ 長時間のフライトでお疲れでしょう）

I'll hail a cab unless you want to walk.
（歩きたいわけでなければタクシーを拾うよ）
》 hail a cab で「タクシーを拾う」です。hail は道端で手を上げてタクシーを止める動作に使います。

Do you want me to interpret? Or do you want to ask the clerk by yourself in Japanese?
（通訳した方がいい？ それとも店員に自分で日本語で聞いてみる？）

Let's meet at 3 o'clock at the south exit of Nakano Station.
（中野駅の南口で3時にお会いしましょう）

Do you get what I mean? / Do you get what I'm saying? / Do you understand my English? （私の英語わかりますか？）

What brought you to Japan? （どうして日本に来てみようと思ったんですか？）

I've always wanted to go to Norway.
（ノルウェーにはいつか行ってみたいとずっと思っているんです）

Let's wait in line. / Let's take the next local train.
（並びましょう／次の各駅停車に乗りましょう）

Are you interested in seeing the Christmas lights and decorations? / Are you interested in sumo tournaments?
（クリスマスのイルミネーションを見たいですか？／相撲観戦に興味はありますか？）

Let's check the weather forecast before we start climbing.
（登り始める前に天気予報をチェックしましょうか）

関連フレーズ集 ## 日本で美味しいものを食べてもらう

What kind of restaurant do you want to go to tonight?
≫ 今夜はどんなお店に食べに行きたい？

The best way to find a good restaurant is by word of mouth!
≫ 美味しいお店を見つけるには口コミが一番ですよ！

word of mouth で「口コミ」

As far as I know, this is the best sushi restaurant around this area.
≫ 僕の知る限りではこのエリアでここが一番美味しいお寿司屋さんです。

As far as I know で「私の知る限りでは」

Let's go to the food section of the department store. In Japan, every department store has a food section in the basement.
≫ デパ地下へ行きましょう。日本のデパートはどこも地下に食料品売り場があるんですよ。

in the basement で「地下に／地下で」

Dip a slice of shabu-shabu meat in the pot of soup and lightly swish it from side to side. It'll be ready to eat in a couple of seconds!
≫ スープの入った鍋にしゃぶしゃぶの肉を浸して軽く左右に振ってくださいね。数秒で食べられるようになりますよ！

swish from side to side で「左右に振る」

Overcooking makes the meat tougher.
≫ 焼きすぎると肉が硬くなっちゃいますよ。

Good tempura has thin and crispy batter.
≫ 良い天ぷらの衣は薄くてサクサクしているんですよ。

We don't use chopsticks for every meal. We also use forks and knives!
≫ 毎食箸を使うわけじゃないんですよ。フォークとナイフも使います！

I'll get the bill this time.
≫ このお勘定は私に払わせてね。

観光スポットの説明

「大仏」
英語でなんて言う？

観光スポットの説明

「～に興味あります？」
英語でなんて言う？

Chapter 06

解説

» ⊕ **spread** は「広げる」「普及する」という意味で、例文のように宗教を広めるという場合にも使いますし、トーストにバターを塗る（広げる）という時にも使います。

» ⊕他にも **Would you like to join the tour to the top of the bridge?** などでもいいですね。

観光スポットの説明

Kurokawa Onsen is definitely worth visiting.
（黒川温泉は絶対に行く価値があるよ）
» be worth 〜 ing で「〜する価値がある」

It wouldn't hurt you to take a look at the museum.
（その美術館は見ておいて損はないと思うよ）
» it wouldn't hurt you to 〜で「〜しておいて損はない」

This Tokyo Tower is more than 300 meters high. It's thrilling, isn't it?
（この東京タワーは高さが３００メートル以上あるんだ。結構怖いでしょ？）

This shop has all sorts of souvenirs.
（このお店には色々なお土産があるよ）
» all sorts of の代わりに all types of / all kinds of を使ってもいいです。

Tsukiji Market moved to Toyosu in 2018.
（2018 年に築地市場は豊洲へ移転しました）

You may not be allowed to enter the onsen if you have tattoos. Let me check with the front desk.
（タトゥーをしていると温泉に入れないかもしれません。フロントに確認してみますね）

Roppongi used to be a popular nightclub district, but now there are also many family-oriented facilities to visit during the daytime.
（六本木は人気のあるナイトスポットでしたが、今では昼間に訪れるファミリー向けの施設も多くなっています）
» family-oriented で「ファミリー向けの」、family-oriented person で「家族思いの人」

関連フレーズ集 日本の地理、気候

Kagawa is the smallest prefecture in Japan.
》 香川は日本で一番小さな都道府県です。
prefecture で「都道府県」

Maybe you should come back here in the autumn leaves season.
》 紅葉の季節にもう一度ここに来てみても良いかもしれませんね。
「紅葉の季節」は fall foliage season とも言います。

Mt. Kitadake is the second highest mountain in Japan.
》 北岳は日本で2番目に高い山です。

The rainy season is finally over.
》 梅雨がようやく明けましたね。
finally で「ようやく」

Japan is a long island nation stretching from north to south. The climate is completely different between Hokkaido and Okinawa.
》 日本は南北に長い島国なので北海道と沖縄では気候が全然違います。

Kyoto is located in a basin surrounded by mountains. It is hot in summer and cold in winter.
》 京都は山に囲まれた盆地にあるので夏は暑くて冬は寒いです。
basin で「盆地」

Tottori Sakyu are the largest sand dunes in Japan.
》 鳥取砂丘は日本で一番大きな砂丘です。

You can see drift ice from the Shiretoko Peninsula in winter.
》 冬には知床半島から流氷を見ることができます。
peninsula で「半島」

Typhoons occur most often in August and September.
》 8月と9月に台風が最も多いです。

漫画、オタク文化

「秋葉原はオタクの聖地と言われています」
英語でなんて言う？

日本語

「少しずつ」
英語でなんて言う？

What kind of area is Akihabara?

（秋葉原ってどんなエリアなんですか？）

Akihabara is sometimes called "otaku's mecca." There are so many shops selling animation goods.

（秋葉原はオタクの聖地と言われることがあります。アニメグッズのお店がほんとにたくさんありますからね）

I've memorized all the hiragana at last. But it's so depressing that I still have katakana to learn...

（ひらがなをようやく覚えられたよ。でもまだカタカナを覚えなきゃならないなんてほんと落ち込むよ…）

Good for you! It's okay, Harry. You can learn little by little!

（やったね！ いいんだよ、ハリー。少しずつ学んでいけばいいんだから！）

日本の漫画やオタク文化

Have you seen any animation works by Hayao Miyazaki?
（宮崎駿監督のアニメを観たことがありますか？）

One Piece is my favorite manga. Have you ever heard of it? It's translated into English, too.
（僕の一番好きな漫画は『ワンピース』だな。聞いたことある？ 英語にも翻訳されているよ）

I have the whole series of _Slam Dunk_! Rukawa's awesome!
（『スラムダンク』は全巻持ってるよ！ 流川が最高だよね！）
》 the whole series で「シリーズ全巻」

The main character's rival is really annoying.
（主人公のライバルが本当にうざいよね）
》 annoying で「うっとうしい／イラッとくる」

I don't know if you are interested, but speaking of Japanese subculture, Lolita fashion is also famous.
（興味あるかわからないけれど、日本のサブカルチャーと言えばロリータファッションも有名だよ）
》 speaking of 〜で「〜と言えば」

日本語について語る

"Kotodama" is a traditional belief in Japan that there is a spirit in every word we use. We believe in the power of positive language and avoid using negative terms.
（言霊とは日本の伝統的な考え方で、私たちが使う言葉ひとつ一つに魂が宿るというものです。ポジティブな言葉にはポジティブな力があり、否定的な言葉はなるべく使わないようにしています）
》 negative term で「否定的な言葉」

In Japanese we have many expressions that are based on English words but do not exist in standard English. We call them "wasei eigo," which means "English created in Japan."
（英単語をベースに作られているものの標準英語には存在しない表現が日本語にはたくさんあります。それらを「日本で生まれた英語」という意味で「和製英語」と言います）

We say "gasoline stand," but people from the USA would call it a "gas station."
（私たちは「ガソリンスタンド」と言いますがアメリカ人は「ガスステーション」と言いますよね）

"Itadakimasu" is a phrase that Japanese say every time before eating to show appreciation for our food.
（「いただきます」は食べ物への感謝を示すために日本人が食事の前に毎回口にする言葉です）
》 appreciation で「感謝」

お箸のマナー「嫌い箸」

Japanese Chopstick Taboos

In Japan, there are some chopstick taboos.
They are called "Kirai-bashi."
（日本にはやってはいけないお箸のマナーがいくつかあります。
それを「嫌い箸」と言います）

● 拾い箸
【Hiroi-bashi】

It is considered bad luck to pass your food from chopsticks to chopsticks.
（お箸からお箸へ食べ物を渡すのは縁起が悪いこととされています）

● 刺し箸【Sashi-bashi】

Do not stick your chopsticks into the food like using a fork. It is considered very impolite.
（お箸をフォークのように食べ物に突き刺してはいけません。とても行儀の悪いこととされています）

● 迷い箸【Mayoi-bashi】

Do not let your chopsticks wander around above the food wondering what to eat next.
（次に何を食べようかと迷って食べ物の上で箸をうろうろさせてはいけません）

● 寄せ箸【Yose-bashi】

You should not use chopsticks to pull the bowl toward you.
（器を自分の方へ寄せるのに箸を使ってはいけません）

● 拝み箸【Ogami-bashi】

You should not hold the chopsticks while putting the palms of your hands together and saying "Itadakimasu." Hold the chopsticks after that.
（手を合わせ「いただきます」と言う時にお箸を持ってはいけません。その後に持ちましょう）

● 渡し箸【Watashi-bashi】

Do not leave your chopsticks lying across the plate like a bridge. It might remind people of building a bridge over the Sanzu River, the river that the souls of the deceased are said to cross before reaching the afterlife.
（お皿の上に橋のように箸を横たわらせてはいけません。それは三途の川に橋を架けることを連想させることがあります。三途の川は亡くなった人の魂があの世に行く前に渡る川と言われています）

● ねぶり箸【Neburi-bashi】

Do not lick the tips of the chopsticks to remove pieces of food on them.
（箸先についた食べ物のかけらを取るために箸先を舐めてはいけません）

関連フレーズ集 **日本の伝統的な慣習、風習**

These days, most Japanese do not wear kimonos.
» 近頃ではほとんどの日本人は着物を着ないんです。

Even if you are not familiar with sitting in seiza, you'll get used to it with a bit of practice.
» 正座をあまりしたことがなかったとしても少しの練習で慣れてきますよ。

be familiar with ～で「～をよく知っている」

I know. Within a few minutes, your feet go numb, right?
» そうだよね。数分で足が痺れてくるよね？

I know. で「そうでしょう／わかる！」という相づちになります。go numb で「痺れる」です。

Ojigi in Japan is sort of like saying "Hello" or "Thank you." Sometimes, we bow instead of shaking hands.
» 日本のお辞儀というのは「こんにちは」や「ありがとう」を言うのに似ていますね。時には握手する代わりにお辞儀したりもします。

In Japan, there is a tradition of sending New Year's greeting cards, called nengajo. It's similar to the Western custom of sending Christmas cards.
» 日本には年賀状といって新年のあいさつのハガキを送る伝統があるんです。西洋でクリスマスカードを送る習慣に似ていますね。

Senbazuru is one thousand origami cranes strung on a thread. It's definitely hard work, but the effort involved in making it demonstrates concern and care for the person receiving it.
» 千羽鶴とは糸で結ばれた千羽の折り紙の鶴のことです。確かに大変な作業ですが、それを作るのに労力がかかるからこそ、受け手への気遣いや思いやりを示すことができます。

crane で「ツル」

Yubune, a Japanese bathtub much deeper than the usual bathtub, allows you to submerge fully for total relaxation.
» 日本の湯船は一般的な湯船よりも深さがあり全身つかることができるのでこの上なくリラックスできます。

submerge で「潜る／つかる」

日本で独自の発展を遂げた海外の行事

「義理チョコ」
英語でなんて説明する？

日本独特の文化

「どうして日本人女性は笑う時 口に手をあてるの？」
と聞かれたらなんて説明する？

Chapter 06

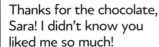

Thanks for the chocolate, Sara! I didn't know you liked me so much!

（さらちゃんチョコレートありがとう！ 僕のことそんなに好きだなんて知らなかったな！）

Don't get me wrong. It's "giri choco," which literally means I gave it to you out of a sense of obligation. In other words, it's the complete opposite of "honmei choco," which involves romantic feelings.

（誤解しないで。義理であげるチョコという意味の「義理チョコ」だから。つまり、恋愛感情を伴う「本命チョコ」とは対極にあるものね）

Why do Japanese women cover their mouths with their hands while laughing?

（どうして日本人女性は笑う時口に手をあてるの？）

What happened to your hair? It's hilariously funny! We do that because covering the mouth is considered more graceful than showing teeth.

（その髪型どうしたの？！ おかしすぎて笑いが止まらない！ それはね、口を覆うことが歯を見せるよりも優雅だとされているからよ）

解説

> **get ~ wrong** で「~について誤解する」、**complete opposite** で「正反対」、**involve ~** で「~を伴う」です。

日本で独自の発展を遂げた海外の行事

Valentine's Day in Japan is a bit different from how the holiday has typically been celebrated. Only girls give chocolate to the boys that they like. （日本のバレンタインデーは元々の祝い方と少し違うの。女の子だけが好きな男の子にチョコレートをあげるのよ）

Those who receive chocolate are to give something in return exactly one month later on the 14th of March, which is known as White Day. （チョコレートをもらった人はちょうど1ヶ月後の3月14日のホワイトデーに何かお返しをすることになっています）
» in return で「お返しに」

Halloween in Japan is not treated as someone from a western country might expect. It is more like a cosplay event in the sense that "trick or treating" is not one of the essential parts of the event. （日本のハロウィンは欧米諸国出身の人が思っているのとは違います。「トリック・オア・トリート」が本質的な部分ではないという意味ではコスプレイベントに近いものがあります）

- -

解説

> **hilariously funny** で「笑いが止まらないくらいすごく面白い」、**graceful** で「優雅な、礼儀正しい」です。
> 日本では普通の仕草ですが、欧米諸国の人々には不思議にうつるようです。

日本独特の文化を説明する

In Japanese, we try not to make ourselves too clear. The intention is to avoid being too straightforward, which might offend the person you are talking to. （日本語では私たちは自らの意見をあまりはっきりさせないようにします。話している相手の気を悪くするようなあまりにストレートな表現を避けるという意図があります）

"Sumimasen" is normally translated as "sorry," but Japanese don't always use the word to apologize. In many cases, we use it to show respect and politeness. （「すみません」はよく sorry と訳されますが日本人は必ずしも謝罪の意味で使うわけではありません。多くの場合は、敬意や礼儀を示すために使います）

Japanese washlet toilets are very well received by people from abroad. （日本のウォッシュレットは海外の方からの受けがとても良いです）
» be well received by ~ で「~からの受けが良い」

関連フレーズ集 日本社会の問題点

Voter turnout in this election was below fifty percent.
≫ 今回の選挙の投票率は５０％を下回りました。

Although all retail shops across Japan are now required to charge a fee for plastic bags, a lot of things are still meticulously wrapped.
≫ 全国の小売店でレジ袋が有料化されましたが、まだまだ丁寧に包装されているものがたくさんあります。

meticulously で「念入りに」、「過剰包装」は excess packaging と言います。

Major companies in Japan have been facing the limitations of the lifetime employment system.
≫ 日本の大手企業は終身雇用制度の限界に直面しています。

Japan's decreasing birthrate is deepening the country's aging crisis.
≫ 日本では少子化により高齢化がより深刻な問題になってきています。

「少子高齢化社会」は aging society with a low birthrate

About one half of women working in Japan are not employed full-time.
≫ 日本で働く女性のおよそ半数が正社員雇用ではありません。

There are lots of children on the waiting list for the day care facilities.
≫ 保育園の待機児童もたくさんいます。

Not only pension benefits but also retirement payments have been declining in the past few years.
≫ 年金給付だけでなく、退職金もここ数年で減少しています。

There is growing concern about rural depopulation in Japan.
≫ 日本では地方の過疎化が懸念されてきています。

Scams targeting the elderly are rampant.
≫ 高齢者を狙った詐欺が横行しています。

scam で「詐欺」、rampant で「（犯罪、病気などが）猛威をふるう／はびこっている」

「和訳せずに英語を英語で理解したい！」

英語を和訳してから理解するので時間がかかってしまうというお悩みをよくうかがいます。ただ、和訳をはさんで英語を理解するのはむしろとても良いことだと私は思っています。

以下は、日本人が英語を理解するステップです。
①和訳ができない
②和訳はできるが時間がかかる
③和訳ができる、しかも速い
④和訳を飛ばして、英語のまま理解できる
多くの英語学習者が②の段階にいるのではないでしょうか。では、どうやったら③そして④へ行けるかというと**「英語に触れること」**に尽きます。

一つはとにかくたくさんの英文を読むことです。もちろん、和訳しながら読んでください。　いちいち和訳しなくても **How are you?** や **Thank you.** などは意味がスッと入ってくると思います。たくさん英語を読むと、その範囲が少しずつ広がります。読む英語は自由に選んで OK です。

もう一つは、自分のレベルにあった英語をたくさん聞くことです。聞き流すのではなく大体の内容を理解しながら聞くのが重要です。
リスニングの難易度からすると一般的に**「TOEIC などのリスニング問題」**→**「TED などのスピーチ」**→**「ニュース番組」**→**「バラエティー番組」**→**「ドラマや映画」**→**「ネイティブ同士の日常会話」**の順に難しくなります。再生スピードを調整できるのであれば一番聞き取りやすい速度に変えて、たくさん聞いてみてください！

Chapter

07

Chapter 07
ビジネス

ビジネス英語はそれだけで何冊もの本が書けてしまう分野なので、この Chapter はその入門編のようなものになっています。

ビジネスで使う英語には難しい表現がたくさん出てくるイメージがあります。確かに、専門的な分野での交渉などでは、普段あまり使われない英単語が必要になってくるでしょう。しかし、日常会話の簡単な言い回しを少し丁寧なものにするだけで、ビジネスでも十分に通用することがよくあります。

この Chapter で紹介しているフレーズを見れば、ビジネス英語は普段の会話の延長線上にあると実感いただけるはずです。日常的な表現を工夫して使いまわせば、ビジネスの場面であってもそこまで肩肘を張る必要がないのだと感じていただけたら嬉しいです。

I spent the entire day making copies...
（今日一日、コピー取りで終わった…）

Good work today! Thank you for your hard work.
（お疲れさま！ よくがんばってくれたね）

I'm so sorry I'm late! The trains were delayed because of the typhoon.
（遅刻して申し訳ございません！ 台風のせいで電車のダイヤが乱れていまして）

It seems that it has become a pattern for you to be late these days...
（最近遅刻ばかりしているようだね…）

» 日本語の「お疲れさま」にあたる便利な言葉は英語にはありません。場合によって使い分けるのが良いでしょう。

» **Good work today!** は「いい仕事ぶりだった！」というような意味なので目上の人に使うのはおすすめしません。

部下への労いとしての「お疲れさま」

Good job! / Well done! / You did great today!（お疲れさま！）

別れのあいさつとして使う「お疲れさま」

こちらは立場関係なく使うことができます。

Have a good evening. / Have a good night.（失礼します）
See you tomorrow.（また明日）

去り際に感謝の意を伝える

Thank you for giving me advice. It was helpful. Have a good evening.
（アドバイスありがとうございました。役に立ちました。失礼します）

» advice は不可算名詞です。単数、複数の区別がありません。

» **The trains were running late.** でも OK です。

出社、退社時刻

You are about an hour earlier than usual today.
（今日は出社がいつもより約 1 時間早いですね）

» than usual で「いつもより」

（例）I'll take lunch earlier than usual today.（今日はいつもより早く昼食をとります）

What time will you get to work tomorrow?（明日は何時に出社されますか？）

» What time do you get to the office tomorrow? でも同じ意味です。

Are you heading home?（帰宅されるんですか？）

I need to leave early today because my kid has a fever.
（子供に熱があるため、今日は早めに退社しなければなりません）

» leave early で「早退する」、他にも go home early / leave work early などの言い方があります。

関連フレーズ集 ## 働きすぎ

I had to go to work on my day off to finish the report...
≫ レポートを終わらせるために休日出勤しなくちゃいけな
かったんだ…

go to work on one's day off で「休日出勤する」です。

I did twelve hours of overtime this week.
≫ 今週は 12 時間残業しました。

I worked twelve hours overtime this week. でも同じ意味です。

Don't you think this unpaid overtime work is against the law?
≫ このサービス残業って違法だと思わない?

unpaid overtime work で「サービス残業」、against the law で「違法」です。

My overtime pay might exceed my base salary this month.
≫ 今月は残業代が基本給を上回るかもしれないな。

We've been working too much lately. Let's go out for a drink to get rid of stress.
≫ 最近私たち働きすぎだよ。ストレスを発散するために飲みに行こうよ。

get rid of stress で「ストレスを発散する」

I will take a day off next Tuesday because I worked on the weekend.
≫ 週末働いたので来週火曜日にお休みをいただきます。

There's just too much to get done.
≫ やるべきことが多すぎる。

One of my colleagues collapsed from working too hard.
≫ 同僚の一人が過労で倒れてしまいました。

I'll be in trouble if I don't get this done by tomorrow.
≫ 明日までにこれを終わらせないと大変なことになりそう。

電話をかける

「電話があった旨お伝えいただけますか?」
英語でなんて言う?

電話を受ける

「お名前のつづりを教えていただけますか?」
英語でなんて言う?

The person in charge is having a meeting right now.
（担当者はただ今会議に出ております）

Could you tell him that I called? My name is Ken Tanaka.
（電話があった旨お伝えいただけますか？ 田中けんと申します）

Please tell Mr. Suzuki to call me back as soon as he gets back. My name is Shannon Smith.
（お戻り次第お電話くださいと鈴木さんにお伝えください。シャノン・スミスと言います）

Yes, I will. May I ask you how to spell your name, please?
（はい。お名前のつづりを教えていただけますか？）

解説

» ⑤ **the person in charge** で「担当者」
» ⑥他にも **Could you spell your name, please?** でも大丈夫です。

電話をかける

Hello, this is Suzuki of ABC Corporation.
(もしもし、ABC 社の鈴木と申しますが)

Could you tell him / her to call me back?
(彼に／彼女に折り返しお願いできますか？)

Hello. May I talk to Mr. Tanaka in the accounting department?
(もしもし、経理部の田中さんはいらっしゃいますか？)

» ちょっとくだけた言い方ですが Is Mr. Tanaka there? でも同じ意味です。

May I leave a message?
(伝言お願いできますか？)

I need to speak to someone from the marketing team, please.
(マーケティング部につないでいただけますか？)

電話を受ける

Thank you for calling.
(お電話ありがとうございます)

How can I help you?
(ご用件をうかがいます)

He is not at his desk right now. Would you like him to call you back later?
(ただいま席をはずしております。後ほど折り返しお電話させましょうか？)

He's not available right now.
(ただいま電話に出ることができません)

He's on vacation / on another line / on a business trip / out having lunch.
(彼は休暇中です／他の電話に出ております／出張中です／昼食に出ています)

He will return from his business trip on July twelfth.
(7月12日に出張から戻る予定です)

Would you like to leave a message?
(伝言をおうかがいしましょうか？)

I will put you through. Please hold on a moment.
(おつなぎしますので少々お待ちください)

» 「お待ちください」は One moment please. / Please hold the line. などでも OK です。

May I ask who's calling? / Who am I speaking to? / Who's calling, please?
(どちら様でしょうか？)

関連フレーズ集 電話でよく使うフレーズ

I'm sorry for bothering you, but it's rather urgent.
》 お邪魔をして申し訳ないのですが、ちょっと急用なんです。

Thank you for your time!
》 お時間をいただきありがとうございました！

It's nothing important, but I just wanted to tell you that Mr. Mori is coming to visit us next week.
》 大した話じゃないんですけど、森さんが来週訪ねてこられるということをお伝えしたくて。

I'm sorry to have kept you waiting.
》 お待たせしてしまって申し訳ありません。

I'm afraid I can't hear you clearly.
》 恐れ入りますがちょっとお電話が遠いようです。

I will look into it and then call you.
》 お調べしてからご連絡差し上げますね。

look into ～で「～を調査する／調べる」

The purpose of my call is to invite you to our next week's exhibition.
》 来週の弊社の展示会にご招待するためお電話差し上げました。

Can I ask what it's regarding?
》 電話のご用件をうかがってもよろしいでしょうか？

I have a meeting to attend, and I will need to let you go.
》 会議がありますのでそろそろ電話を切らないといけません。

少しくだけた言い方ですが I'll have to hang up. でも「電話を切らないといけない」という意味です。

商談

「わざわざご足労いただきすみません」
英語でなんて言う？

商談

「本題に入りましょう」
英語でなんて言う？

Thank you so much for coming all this way to visit us. How was the flight?
（わざわざご足労いただきすみません。フライトはいかがでしたか？）

It wasn't so bad. I was sleeping most of the time.
（悪くはなかったです。ほとんど寝ていましたから）

I would be happy to join you for another round of golf sometime. Last time you were like Tiger Woods!
（いつかまたゴルフをご一緒できたら嬉しいです。前回はタイガー・ウッズのようでしたね！）

Thank you. I'm flattered. So, let's get down to the nitty-gritty. There are three points I want to discuss today.
（ありがとうございます。恐縮です。では、本題に入りましょう。本日お話ししたいことは3点あります）

解説

》 ⊕日本語では「すみません」ですが、本気で謝罪しているわけではないのでここは **Thank you ～** で始めましょう。**It wasn't so bad.** で「そんなに悪くなかったよ」です。

》 ⑦ **Now, let's get to the point.** でも OK です。

売り込む

This isn't just a vase. It is said to bring wealth and fame.
(これはただの花瓶ではないんです。富と名声をもたらす花瓶と言われています)

This is eighty percent of the original price.
(定価の8割のお値段になっています)

It's hard to find a ten-year-old house in such good condition.
(築10年の一軒家でこんなに状態が良いものはなかなかありませんよ)

There's no such thing as an investment without any risk.
(リスクのない投資なんてありません)

》 There's no such thing as ～で「～のようなものはない」

As you can see from the graph, this is why we think it's worth the cost.
(グラフにも示されている通り、コストに見合うと我々が判断する理由はこちらです)

We have a large inventory of high-quality humidifiers.
(高品質の加湿器の在庫を大量に取りそろえています)

》 high-quality humidifiers で「高品質の加湿器」

Simplicity is one of the features of our product.
(シンプルであること。これが弊社の製品の特徴の一つです)

This product comes in a variety of colors. This color is especially popular with women.
(この商品は様々な色を取りそろえています。この色は特に女性に人気です)

》 It also comes in red. で「それの赤もありますよ」です。

We are offering a limited-time discount until the end of this month.
(今月末までの期間限定でお値引きさせていただいております)

関連フレーズ集 商談中のフレーズ

This is not what we asked for.
>> これはお願いしたものとは異なります。

If we purchase one hundred of them with cash, would you lower the price?
>> 100個を現金で買った場合値下げしてもらえますか？

Would you lower the price? / Can I get a discount? / Can you mark the price down?
>> 値下げしてもらえますか？

I'm afraid it's still over budget.
>> 恐れ入りますがそれでもまだ予算オーバーです。

Are you happy with our idea?
>> 我々のこの案でよろしいでしょうか？
happy は「幸せ」という意味の他に「満足している」という意味があります。

Please let us go over it with the team. / We'd like to think about it with the team. / Let us take it back to the office and review it.
>> 一度社に持ち帰って検討させてください。

Isn't it a bit expensive for a secondhand car?
>> 中古車にしては値段が高くありませんか？

Thank you for the proposal. It sounds interesting, but unfortunately we have to turn it down.
>> ご提案ありがとうございます。興味深いのですが、残念ながらお断りしなければなりません。
turn down で「断る」

It was a great presentation. Your point is well-taken.
>> 素晴らしいプレゼンでした。あなたの仰ることは筋が通っています。
この場合の your point は「あなたの言っていることの主旨」です。well-taken で「筋の通った／妥当な」です。

ミーティング

「本題とは少しずれてしまうかもしれませんが…」
英語でなんて言う？

リモート会議

リモート会議にて「ミュートになっている」
英語でなんて言う？

Chapter 07

It might be a little off topic, but in my opinion, we need to rethink our pricing as well.

（本題とは少しずれてしまうかもしれませんが、私の意見としましては価格設定も見直す必要があると思っております）

Point taken. It's not a problem that can be solved by simply changing the appearance.

（確かに。これは単に外観を変えれば良いという問題ではないな）

I can't hear Mr. Tanaka. Can everyone else hear what he's saying?

（田中さんの声が聞こえないですね。皆さんには聞こえていますか？）

No, I can't either. Maybe he is on mute. Can you switch it off, Mr. Tanaka?

（私も聞こえません。ミュートになっているのかもしれません。田中さんミュートをオフにできますか？）

» ㊤他にも
I'm not really sure if this is exactly related, but...
I'm not sure if it's relevant to the subject, but...
などの前置きも同じ意味になります。

» ㊦ちなみに「発言していない時はミュートに設定してください」は
Please put yourself on mute when you are not talking. です。

社内ミーティング

Please get right to the point. / What exactly are you trying to say?
（単刀直入に言ってください／主旨はなんですか？）

We failed to reach an agreement on the price in our negotiations with ABC.
（ABC 社との商談では価格面での合意に達しませんでした）
» reach an agreement で「合意に達する」

We own a majority stake in Company A. （我が社は A 社の過半数の株を持っています）
» own を have や hold に言い換えても同じ意味です。

It's almost time for our regular meeting. （そろそろ定例会議の時間です）
» 頻度によって色々なかたちで言うことができます。weekly meeting（週次会議）、monthly meeting（月次会議）、annual meeting（年次会議）

Mr. Sakai is responsible for taking the minutes this time.
（今回は酒井氏が議事録をとることになっています）

Cost reduction is an urgent priority for the next quarter.
（次の四半期はコストダウンが急務です）
» urgent priority で「急務」、「コストダウン」は和製英語ですので注意してください。

We can lower the cost by reducing the amount of aluminum per product.
（各商品に使用するアルミニウムの量を減らすことで原価を下げられますね）

Have you seen this year's sales projections yet? （もう今年の売上予測見た？）
» 売上予測は他にも sales forecast と言います。Have you seen 〜 yet? で「もう〜は見た？」です。

Our sales dropped in the latter half of the previous year.
（前年の後半に当社の売り上げが落ちましたね）
» the latter half もしくは the second half で「後半」です。the latter と名詞として用いることで「後者」という意味にもなります。

How about selling online to expand our sales network?
（我が社の販売網を拡大するためにオンラインでの販売を始めるのはいかがですか？）

関連フレーズ集 リモート会議中のフレーズ

Is Ms. Yamashita on the line?
≫ 山下さんはログインされてますか？

Are we waiting for anyone else? で「他にまだオンラインになっていない方はいらっしゃいますか？」です。

I'm having a hard time hearing you. / You are breaking up.
≫ ちょっと聞こえづらいです。／声が途切れています。

There's a lot of noise in the background. Could you check your microphone?
≫ ずいぶん雑音が入ってしまっていますね。マイクを確認してもらえますか？

The screen keeps freezing. Let me log out once and come back in a minute.
≫ スクリーンがたびたびフリーズしてしまいます。一度ログアウトさせてください。すぐに戻ります。

I didn't catch that. Could you please say that again?
≫ 今のよく聞こえませんでした。もう一度言っていただけますか？

部分的に繰り返して欲しい場合は Could you repeat the first / last bit? で「最初／最後の部分をもう一度言っていただけますか？」になります。

I'm sharing my screen. Can you see it?
≫ 画面共有しますね。見えますか？

I just sent you a link.
≫ 今リンクをお送りしました。

It's about time to close the call.
≫ そろそろ会議終了のお時間ですね。

I guess we've run out of time. （もう時間がなくなってしまいましたね）などでもいいですね。

Something inappropriate was reflected on the screen. I apologize.
≫ 不適切なものが画面に映り込んでおりました。すみません。

部下を褒める・指導する

「素晴らしい仕事ぶりだ！」
英語でなんて言う？

依頼

「お忙しいところすみませんが」
英語でなんて言う？

Fantastic work! I just wanted to let you know how much you mean to the team.

（素晴らしい仕事ぶりだ！ 君はチームに欠かせない存在だということを伝えたくて）

Thank you for the compliment. I will continue to do my best!

（褒めていただきありがとうございます。これからもがんばります！）

I'm sorry to bother you, but would you do me a favor?

（お忙しいところすみませんが、お願いを聞いていただけますか）

No problem! What can I do for you?

（大丈夫ですよ！ 何でしょうか?）

部下を褒める、指導する 　　　　　　　　　　　　　　　解説

You are making good progress! （順調に進んでいますね！）

Come on, that's enough chatter. Let's get down to work.
（ほら、おしゃべりは終わりだ。仕事に取り掛かるぞ）

» Let's get this over with. で「さっさと終わらせよう」です。

Well done! That was a very clear presentation!
（よくやった！ とてもわかりやすいプレゼンだったよ！）

That's a unique perspective. （それは面白い意見だな）

There's still room for improvement. （まだ改善の余地があるよ）

What do you suggest for preventing this from happening again?
（再発防止のためにはどうしたら良いと思う？）

I expect you to make more of an effort to be proactive in speaking up at meetings. （会議で積極的に発言する努力をしてほしい）

» I want you to speak up more at meetings. でも同じ意味ですが上記の方がより丁寧です。

丁寧に伝える 　　　　　　　　　　　　　　　　　　　解説

This one is the highest priority. Please do this first.
（これが最も優先度が高いです。まずはこれをやってください）

» Do it ASAP. （至急やって）よりも丁寧な言い方です。

Do you mind making an appointment with Mr. K at five o'clock this evening?
（今日の夕方5時にK氏とのアポをとっていただけますか？）

» Make an appointment at five. （アポを5時に入れて）よりも丁寧な言い方です。

I was wondering if there's any chance you could come by my office.
（弊社に来ていただけたりしますでしょうか？）

» Can you come by? （立ち寄れる？）よりも丁寧な言い方です。

May I have thirty minutes of your time? I'd like to give you a report on the current situation.
（30分ほどお時間いただけますか？ 現状をご説明したいのですが）

» Give me thirty minutes. （私に30分ちょうだい）よりも丁寧な言い方です。

You might want to change the color of the font.
（フォントの色を変えた方がいいと思いますよ）

» Change the font color. （フォントの色を変えて）よりも丁寧な言い方です。

オフィスにある事務用品

Office Supplies

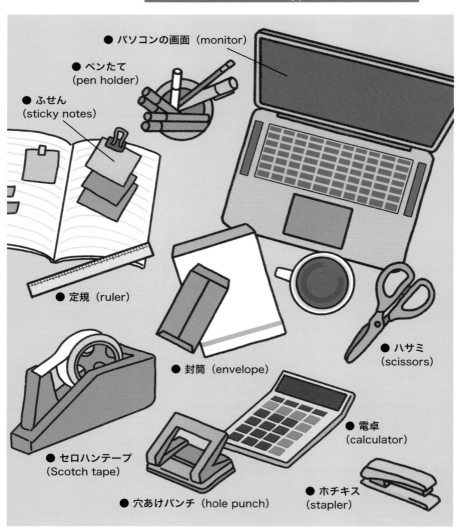

- パソコンの画面 （monitor）
- ペンたて （pen holder）
- ふせん （sticky notes）
- 定規 （ruler）
- ハサミ （scissors）
- 封筒 （envelope）
- セロハンテープ （Scotch tape）
- 電卓 （calculator）
- 穴あけパンチ （hole punch）
- ホチキス （stapler）

● シュレッダー
(shredder)

● 回転椅子
(swivel chair)

● 引き出し
(drawers)

● ゴミ箱
(wastebasket)

● コピー機
(copying machine)

Chapter 07

関連フレーズ集 **指示を出す**

Is the draft ready yet? I'd like to see it by the end of the day.
>> 例の草案はもう完成しましたか？ 今日中に見せてください。

by the end of the day で「今日中に」

Please call him again tomorrow first thing in the morning.
>> 明日朝イチでもう一度電話してみてください。

Will you give me your progress report?
>> 進捗報告をしてもらえますか？

I was wondering if you could get it done within a week.
>> 一週間以内に終わらせてもらえますか。

Please be brief as we only have 30 minutes left.
>> あと 30 分しかありませんので手短にお願いします。

Send me a link to the file you created.
>> あなたが作ったファイルのリンクを送ってください。

Keep me posted on the progress of construction.
>> これからも工事の進捗状況を報告してくださいね。

Keep me posted. で「何かあればそのつど報告してください」

It'd be great if you could collaborate with someone in the finance department and develop a strategy for next month's business meeting.
>> 財務部門の社員と協力して来月の商談の戦略を練ってください。

collaborate with 〜で「〜と協力する」

I need you to put together a PowerPoint for the client presentation next week.
>> 来週のクライアントへのプレゼン用にパワーポイントをまとめてください。

社内の評価

「やる気をたもつ」
英語でなんて言う？

副業

「副業」
英語でなんて言う？

Ms. Miller, you have a strong work ethic. How do you stay motivated?
（ミラーさんって仕事への意識が高いですよね。どうやってやる気をたもっているんですか）

When you do something you truly love, it's not that hard to maintain the necessary effort to stay in the right direction toward success.
（本当に好きなことをしていたら、成功のために必要な努力を続けることってそんなに難しいことじゃないわよ）

Are side jobs allowed in this company?
（この会社は副業 OK なのですか？）

Yes. I work as a secretary, but I also write novels on the side.
（ええ。私は秘書として働いていますが、副業で小説を書いています）

解説

» **have a strong work ethic** で「仕事への意識が高い」

社内で良い評価を受ける

Ask Lucy. She's my go-to person when I want an update on Canada's economy.
(ルーシーに聞いてください。彼女はカナダ経済の最新情報を知りたい時に頼りになる人です)
» go-to person で「頼りになる人」

The new employee has a good work attitude, and that's what I like about him.
(例の新入社員は勤務態度が良くて、そこが気に入っています)
» attitude で「態度」

Tom is so attentive to his customers. No wonder he's getting promoted next year.
(トムは顧客に対して気配りが行き届いていますよね。来年昇進するのもうなずけます)
» attentive で「よく気配りができる」

I got a raise!（給料があがった！！）

解説

» 副業は他に **side business / second job** などと言います。

副業を始める

I recently started my own business.（最近起業したんだ）

I started making YouTube videos to create multiple sources of income.
(複数の収入源を確保するためにユーチューブ動画を作り始めたよ)
» source of income で「収入源」

The company I work for found out about my second job.
(勤めている会社に副業していることがばれてしまった)

Starting a side business not only increases my income, but it also creates opportunities to become friends with unique people.
(副業を始めることで収入が増えるだけでなく、ユニークな人たちと友達になれるチャンスも生まれます)
» become friends with ～で「～と友達になる」

Maybe it's almost time to quit my full-time job.
(そろそろ本業を辞める時期かな)
» It's almost time to ～で「そろそろ～の時期だ」

Chapter 07

関連フレーズ集 社内政治

Stop brownnosing! Mr. Higashi is not buying it.
》 ごますりはやめろよ！ 東さんも君のお世辞を真に受けてないよ。

brownnose で「ごまをする」、buy は「買う」以外にも「信じる」という意味があります。

Ms. Sato is out of control again... What can we do to stop her?
》 佐藤さんがまた暴走しているよ…。どうやったら止められるだろうか。

out of control で「（コントロールできないために）手に負えない」という意味。

That lady is such a troublemaker. Have you ever thought of firing her?
》 彼女は本当に問題ですね。クビにしようとは思わないんですか？

I'm handing in my resignation tomorrow. I can't stand this anymore.
》 明日辞表を提出するよ。もう耐えられない。

resignation で「辞表」、stand で「耐える」

There's a contradiction between Mr. Higashi's story and Mr. Minami's. Which side should I take?
》 東さんと南さんで話が矛盾しているんだよ。どっちの味方をするべき？

There's a contradiction between A and B. で「AとBが矛盾している」

Be careful. She stops at nothing to achieve her goals.
》 気をつけて。彼女は目標を達成するためなら手段は選ばない。

I know exactly how to handle short-tempered people.
》 気が短い人の扱い方は十分心得ているわ。

Despite hours of discussion, it's all up in the air at the moment.
》 何時間も議論を重ねたにもかかわらず、現段階では何も決まっていないんだ。

despite 〜で「〜にもかかわらず」

「発音の勉強って大事なの？」

日本の英語教育では残念ながら発音はそこまで重要視されていません。大学受験、TOEIC、実用英語技能検定など、日本で広く知られている試験では発音の良し悪しは問われない、もしくは評価されるとしても配点はわずかです。

ただ、人が**「あの人は英語がペラペラだな」**と判断する際に最も大きな基準となっているのは発音の良し悪しだったりします。すごいなあ！と思われる英語に近づくためには、発音のトレーニングが近道です。

また、自分で発音できる音は耳に入ってくるようになるので、リスニング力も向上します。

自分の発する英語がどんどん好きになり、英語が聞き取れるようになってくると英語の勉強が楽しくなってきます。発音向上により生まれるこのような好循環も、発音を磨く大きなメリットの一つです。

では、どのように身につければ良いでしょうか。

まずは、発音記号を読めるようになりましょう。英和辞書などを引くと、英単語の隣にローマ字のような表記で単語の読み方が書いてあると思います。それが発音記号です。θや∫など見慣れない記号ばかりなので、敬遠したくなるかもしれませんが、全部で４０種類前後しかありません。しかも、その半分以上はローマ字と同じなので実際に覚えるべき記号は２０種類未満です。それさえ覚えてしまえば、英語の全ての音を把握できるようになるので、一刻も早く利用すべきだと私は思います。

ご自分で発音記号がある程度読めるようになったら、発音矯正のレッスンを短期集中で受けるのもおすすめです。

3分英会話制作陣

企画：片山実（かたやま・まこと）
早稲田大学理工学部卒業後、NECでSEとして勤務。独立後はWeb開発・運営を行う。2019年7月に「3分英会話」を立ち上げる。

著者：相澤真耶（あいざわ・まや）
トルコ、イスタンブールのインターナショナルスクールで小学生時代を過ごす。慶應義塾大学法学部法律学科卒。大学在学時に「ザ！世界仰天ニュース」（日本テレビ）の番組リサーチ及び翻訳を2年間担当。新卒で入社した商社経理部で海外税務担当。インドネシア、インド、南アフリカなど世界各国の税務案件に携わる。退職後はフリーとなり英語ナレーション、Webライター業務を開始。「3分英会話」に設立当初から携わり、英語全般を担当。こなれた英語表現をわかりやすく説明することが得意。英語の響きが好きで発音コーチングを不定期で開催。英語技能検定1級。EPT®英語発音テスト満点。英語発音指導士®。Twitter @Maya09753716

イラスト：西岡ハルカ（にしおか・はるか）
専門学校卒業後、営業職・デザイン職を経て2006年〜都内でWebデザイン、紙媒体デザインを中心にフリーランスとして活動中。

ブックデザイン：菊池祐　　DTP・校正：鷗来堂　　音声収録：ELEC

ちょうずかい　さんぶんえいかいわ
超図解　3分英会話フレーズ1500

2021年3月12日　初版発行

企画／片山　実
著者／相澤　真耶
イラスト／西岡　ハルカ

発行者／青柳　昌行

発行／株式会社KADOKAWA
〒102-8177　東京都千代田区富士見2-13-3
電話　0570-002-301（ナビダイヤル）

印刷所／株式会社加藤文明社印刷所